༄། །མཐོང་བ་དོན་ལྡན་ཞེས་པ་དགེ་ལྡན་སྙན་ བརྒྱུད་ཕྱག་རྒྱ་ཆེན་པོ་ལེགས་པར་བཤད་པ་སོགས་ སྙན་བརྒྱུད་ཀྱི་མན་ངག་ཕྱོགས་བསྡུས་ བཞུགས་སོ། །

རྒྱལ་བ་ཤཱཀྱ་ཐུབ་པ།

༄། །མཐོང་བ་དོན་ལྡན་ཞེས་པ་དགེ་ལྡན་སྙན་
བརྒྱུད་ཕྱག་རྒྱ་ཆེན་པོ་ལེགས་པར་བཤད་པ་སོགས་
སྙན་བརྒྱུད་ཀྱི་མན་ངག་ཕྱོགས་བསྡུས་
བཞུགས་སོ། །

First published 2014

Tharpa Publications UK
Conishead Priory
Ulverston, Cumbria
LA12 9QQ, England

Tharpa Publications US
47 Sweeney Road
Glen Spey, NY 12737
USA

There are Tharpa Publications offices around the world, and Tharpa books are published in most major languages: www.tharpa.com

Cover image: Guru Sumati Buddha Heruka

Library of Congress Control Number: 2014944975

British Library Cataloguing in Publication Data
A catalogue record for this book is available from the British Library.

ISBN 978-1-910368-08-4 – Paperback
ISBN 978-1-910368-09-1 – ePub
ISBN 978-1-910368-10-7 – Kindle

Printed and bound by CPI Group (UK) Ltd, Croydon, CR0 4YY

Paper supplied from well-managed forests and other controlled sources, and certified in accordance with the rules of the Forest Stewardship Council.

དཀར་ཆག

སྨོན་འགྲོའི་གླེང་བརྗོད།

༄༅།། ལོ་མང་སྔོན་ནས་ད་ལྟ་ཨ་རི་ར་བཞུགས་པའི་དགེ་ལེགས་རིན་པོ་ཆེ་མཆོག་ནས་ཕྲན་ལ་ཁ་པར་བརྒྱུད་ནས་གསུངས་དོན་ལ། རིན་པོ་ཆེ་ནས་ཁྲི་བྱང་བླ་བྲང་སྐུ་ངོ་དཔལ་ལྡན་ལགས་སུ་བཀའ་འདྲི་གནང་དོན་དུ། ད་ཆ་དགེ་ལྡན་ཕྱག་རྒྱ་ཆེན་པོའི་འཁྲིད་རྒྱུན་ཞུ་ཡུལ་འོས་པ་སུ་འདུ་ཡོད་དམ་ཞེས་ཞུས་པའི་ལན་དུ་སྐུ་ངོ་དཔལ་ལྡན་ལགས་ནས་གསུང་དོན། སྔར་བོད་དུ་སྐྱབས་ཁྲི་རྡོ་རྗེ་འཆང་ནས་ཆོ་མཆོག་གླིང་དགོན་པར་ཕྱག་ཆེན་ཟབ་འཁྲིད་གནང་སྐབས་ཆོས་ཞུ་བའི་གྲས་སུ་ད་ལྟ་དབྱིན་ཡུལ་དུ་ཡོད་པའི་གཙང་པ་དགེ་བཤེས་སྐལ་བཟང་རྒྱ་མཚོ་ཡོད་པ་དྲན་གྱི་འདུག དེ་མིན་འོས་པ་གཞན་ཞུ་རྒྱུ་མེད་ཅེས་བཀའ་ལན་ཕེབས་པ་བཞིན་དགེ་ལེགས་རིན་པོ་ཆེ་ནས་ཕྲན་ལ་

དེ་ལྟར་བསྐུལ་མ་གནང་བྱུང་བ་དང་། རྗེས་སུ་རྒྱ་གར་དང་ནུབ་ཕྱོགས་ནང་བཞུགས་པའི་བླ་མ་དགེ་བཤེས་འགའ་ཤས་ནས་ཀྱང་བསྐུལ་མ་ནན་ཆེར་གནང་བྱུང་བ་བཅས། ཡིན་ནའང་རང་ཉིད་ལོ་ན་མཐོ་ཞིང་རྐྱེན་གཞན་གྱི་དབང་དུ་གྱུར་བས་བོད་མིའི་ཚོགས་པ་ལ་ཆོས་བཤད་བྱེད་རྒྱུ་དཀའ་བར་བརྟེན་ནས་ཉེ་ཆར། བོད་ནང་བཞུགས་པའི་བླ་མ་ཐུབ་བསྟན་ཕུར་བུ་རིན་པོ་ཆེ་མཆོག་ལ་ཕྲན་རང་ལ་ཡོད་པའི་ཕྱག་ཆེན་འཁྲིད་རྒྱུན་རྣམས་ཕུལ་ཟིན་པ་ཡིན། ཕུལ་བའི་དགོས་པ་ནི་རྒྱལ་བསྟན་སྙིང་པོ་འདི་བོད་མིའི་ནང་ཉམས་པ་སླར་གསོ་དང་མི་ཉམས་གོང་འཕེལ་གྱི་ཆེད་ཁོ་ན་ཡིན་པས་དེ་ལྟར་འཇམ་མགོན་བླ་མའི་བསྟན་པ་ལ་གཅེས་འཛིན་ཡོད་པ་རྣམས་ཀྱི་ཐུགས་ལ་བཅང་བ་ཞུ།།

སྐལ་བཟང་རྒྱ་མཚོ། ཕྱི་ལོ་༢༠༡༨

༄། །མགོན་པ་དོན་ལྡན་དགེ་ལྡན་སྙན་བརྒྱུད་
ཕྱག་རྒྱ་ཆེན་པོ་ལེགས་པར་བཤད་པ་
བཞུགས་སོ། །

རྡོ་རྗེ་འཆང

༄༅།། མཐོང་བ་དོན་ལྡན་དགེ་ལྡན་སྙན་བརྒྱུད་
ཕྱག་རྒྱ་ཆེན་པོ་ལེགས་པར་བཤད་པ།

སངས་རྒྱས་ཆོས་དང་དགེ་འདུན་ཏེ། །
ཕྱོགས་བཅུའི་དཀོན་མཆོག་མི་བསླུའི་སྐྱབས། །
ཧེ་རུ་ཀ་དཔལ་ཀུན་བསྡུས་ལ། །
བྱང་ཆུབ་བར་དུ་བདག་འདུད་དོ། །
བློ་བཟང་རྒྱལ་བའི་ཐུགས་ཀྱི་བཅུད། །
སྙན་བརྒྱུད་ཕྱག་རྒྱ་ཆེན་པོ་ཡི། །
གདམས་པ་ཉམས་པ་གསོ་བའི་ཕྱིར། །
དེ་ཉིད་རབ་ཏུ་གསལ་བར་བྱ། །

དེ་ལ་འདིར་དགེ་ལྡན་སྙན་བརྒྱུད་ཀྱི་མན་ངག་ཟབ་མོ་ཕྱག་རྒྱ་ཆེན་པོ་ཇི་ལྟར་ཉམས་སུ་ལེན་པའི་ཚུལ་བཤད་པ་ལ་ཐོག་མར་ཕྱག་རྒྱ་ཆེན་པོའི་ངོ་སྤྲོད་བྱ་བ་ནི། དེ་ཡང་ཕྱག་ཆེན་རྩ་བ་རྒྱལ་བའི་གཞུང་ལམ་ལས་ན་མོ་མཧཱ་མུ་དྲ་ཡ་ཀུན་ཁྱབ་ཀུན་གྱི་རང་བཞིན་ཕྱག་རྒྱ་ཆེ། །དབྱེར་མེད་བརྗོད་བྲལ་སེམས་ཀྱི་རྡོ་རྗེའི་དབྱིངས། །ཞེས་གསུངས། སྐབས་འདིར་མ་ཧཱ་ཞེས་པ་ནི་ཆེན་པོ་ཞེས་པ་སྟེ། བདེ་བ་ཆེན་པོ་ལ་ཟེར། མུ་དྲ་ནི་ཕྱག་རྒྱ་སྟེ་སྟོང་པ་ཉིད་ཀྱི་དོན་ཡིན་པས། མཧཱ་མུ་དྲ་ཞེས་པ་ཕྱག་རྒྱ་ཆེན་པོ་ཞེས་པ་ཡིན། བདེ་བ་ཆེན་པོ་དང་སྟོང་པ་ཉིད་ཟུང་དུ་འཇུག་པ་དེ་ཕྱག་རྒྱ་ཆེན་པོ་དངོས་ཡིན་ཞེས་པའི་དོན་ཡིན། སྟོང་པ་ཉིད་ནི་ཤེས་བྱ་ཐམས་ཅད་ཀྱི་རང་བཞིན་ཡིན་ཅིང་དེས་ཤེས་བྱ་ཐམས་ཅད་ལ་ཁྱབ་པས་ཀུན་ཁྱབ་ཀུན་གྱི་རང་བཞིན་ཡིན། སྟོང་པ་ཉིད་དེ་དང་སེམས་ཀྱི་རྡོ་རྗེ་ཏེ་བདེ་བ་ཆེན་པོ་དབྱེར་མི་འབྱེད་པ་དེ་ཕྱག་རྒྱ་ཆེན་པོ་ཡིན་ཞེས་པའོ། །འདི་ནི་གསང་སྔགས་བླ་མེད་ཀྱི་མྱུར་ལམ་མཆོག་ཏུ་འགྱུར་པ་ཡིན། སྟོང་པ་ཉིད་དང་བདེ་བ་

ཆེན་པོའི་དོན་རྒྱས་པ་འོག་ཏུ་བཤད་པར་བྱའོ། །ཕྱག་ཆེན་ངོ་སྤྲོད་མཛད་པ་འདི་ལ་བརྟེན་ནས་ང་ཚོའི་འཇམ་མགོན་བླ་མའི་བསྟན་པའི་ཁྱད་ཆོས་ཤེས་དགོས་ཏེ་དགེ་ལྡན་བསྟན་པ་རྒྱས་པའི་སྨོན་ལམ་ལས། རྒྱུ་ཡི་ཐེག་པར་བཤད་པའི་སྟོང་པ་ཉིད། །འབྲས་བུའི་ཐབས་ཀྱིས་འགྲུབས་པའི་བདེ་ཆེན་དང་། །མཉམ་སྦྱོར་ཆོས་ཕུང་བརྒྱད་ཁྲིའི་སྙིང་པོའི་བཅུད། །བློ་བཟང་རྒྱལ་བའི་བསྟན་པ་རྒྱས་གྱུར་ཅིག །ཞེས་གསུངས། སྟོང་ཉིད་ཀྱི་དོན་སྟོན་པའི་གདམས་ངག་གསལ་ལ་མ་ནོར་བ་དང་བདེ་བ་ཆེན་པོ་ཇི་ལྟར་འགྲུབ་ལུགས་ཀྱི་ཐབས་སྟོན་པའི་གདམས་ངག་གསལ་ལ་མ་ནོར་བ་འདི་འཇམ་མགོན་བླ་མའི་བསྟན་པའི་ཁྱད་ཆོས་ཡིན། ང་ཚོས་དེ་ལྟར་ཤེས་པར་བྱས་ནས་རང་ཉིད་འཇམ་མགོན་བླ་མའི་བསྟན་པ་དང་མཇལ་བ་འདི་ལ་སྙིང་ཐག་པ་ནས་རྗེས་སུ་ཡི་རངས་ཡང་ནས་ཡང་དུ་བསྒོམ་སྟེ།ཆོས་མ་ནོར་ཕྱག་ལམ་བློ་སྦྱོང་ཡིན་ཞེས་གསུངས་པ་ལྟར་བསྟན་པའི་སྙིང་པོ་ཕྱག་ཆེན་དང་ལམ་རིམ། བློ་སྦྱོང་བཅས་ཀྱི་གདམས་པ་འདི་ཉིད་རང་

གིས་ཉམས་སུ་ལེན་པ་དང་གཞན་ལའང་སྤེལ་བའི་བྱ་བ་ལ་འབད་བརྩོལ་གནང་དགོས་པ་ཡིན། དེ་ལྟར་བྱས་ན་འཇམ་མགོན་བླ་མའི་བསྟན་པ་དང་མཛལ་བའི་དགོས་པ་བསྒྲུབས་པ་ཡིན། རྩ་བ་ལས། དགེ་ལྡན་བཀའ་བརྒྱུད་ཞེས་པ་ནི་དགེ་ལྡན་སྙན་བརྒྱུད་ཞེས་པའི་དོན་ཡིན་བགྱི། དགེ་ལྡན་པ་དང་བཀའ་བརྒྱུད་པ་གཉིས་ཀ་ཡིན་པ་ཞིག་ཡོད་པའི་དོན་མིན། སྤྱིར་ན་སངས་རྒྱས་ཀྱི་མདོའི་སྐབས་སུ་ཕྱག་ཆེན་ཟེར་བའི་ཉམས་ལེན་ཞིག་གསུངས་ཡོད་དམ་ཟེར་ན། ང་ཚོའི་དེ་ལ་ལན་ཇི་ལྟར་འདེབས། མདོ་ལས། ལྟ་བ་བཀར་བཏགས་ཀྱི་ཕྱག་རྒྱ་བཞི་ཟེར་བ་ཞིག་གསུངས་པ་ལས། ལྟ་བ་བཀར་བཏགས་ཀྱི་ཕྱག་རྒྱ་ཆེན་པོ་བཞི་ཞེས་པ་གསུངས་མེད། གང་ལྟར་ཡང་ཕྱག་ཆེན་ངོ་མ་ནི་སྔགས་ལུགས་ཀྱི་ཕྱག་ཆེན་གོང་དུ་བཤད་པ་དེ་ཉིད་རང་ཡིན་ཅིང་། སྟོང་པ་ཉིད་ལ་ཕྱག་རྒྱ་ཆེན་པོ་ཞེས་མིང་གིས་བརྗོད་པ་ཙམ་ཡིན། བདེ་སྟོང་ཟུང་འཇུག་གི་ཡ་གྱལ་བདེ་བ་ཆེན་པོ་ནི་བསྒོམ་སྟོབས་ཀྱིས་རླུང་རྩ་དབུ་མར་ཞུགས་གནས་འཐིམ་གསུམ་བྱས་པ་ལས་བྱུང་

བའི་བྱང་སེམས་རྩ་དབུ་མའི་ནང་དུ་བཞུ་བའི་བདེ་བ་ཡིན། ཟུང་འཇུག་དེའི་ཡ་གྱལ་སྟོང་པ་ཉིད་ནི་ཤེར་ཕྱིན་གྱི་མདོ་ནས་གསུངས་པའི་སྟོང་པ་ཉིད་ཀྱི་དོན་ཀླུ་སྒྲུབ་ཡབ་སྲས་ཀྱིས་གཏན་ལ་འཕབས་ཤིང་འཇམ་མགོན་བླ་མས་གསལ་བར་བྱས་པ་དེ་ཡིན། སྐབས་འདིར་ཟུང་འཇུག་གི་དོན་ནི། དེ་འདྲའི་བདེ་བ་ཆེན་པོ་དང་སྟོང་པ་ཉིད་གཉིས་དོན་ལ་གཉིས་མིན་པར་གཅིག་ཁོ་ན་ཡིན་པའི་དོན་ཡིན། འདི་ནི་ཤིན་ཏུ་ཟབ་ཅིང་ཕྲ་བས་ཟུང་འཇུག་གི་དོན་མྱོང་ཐོག་ནས་ཤེས་པ་དེང་སང་ཉིན་མོའི་སྐར་མ་ལྟར་དཀོན་པ་ཡིན། བདེ་བ་ཆེན་པོ་སྣང་བ་དང་། སྟོང་པ་ཉིད་སྟོང་པ་སྟེ། དེ་གཉིས་ཟུང་དུ་འཇུག་པ་སྣང་སྟོང་ཟུང་འཇུག་ཡིན། ཀུན་རྫོབ་བདེན་པ་སྣང་བ་དང་། དོན་དམ་བདེན་པ་སྟོང་པ་སྟེ་དེ་གཉིས་ཟུང་དུ་འཇུག་པ་ཡང་སྣང་སྟོང་ཟུང་འཇུག་ཡིན། རང་ཡི་དམ་དུ་བསྐྱེད་པའི་རྟེན་དང་བརྟེན་པའི་དཀྱིལ་འཁོར་ཡོངས་རྫོགས་སྣང་བ་དང་། སྟོང་པ་ཉིད་སྟོང་པ་སྟེ་དེ་གཉིས་ཟུང་དུ་འཇུག་པ་ཡང་སྣང་སྟོང་ཟུང་འཇུག་ཡིན། སྣང་སྟོང་ཟུང་

འཇུག་འདི་ལ་རིམ་པ་མང་པོ་ཡོད་པ་ཤེས་དགོས། མདོར་ན་བསྒོམ་སྟོབས་ཀྱིས་རང་སེམས་གོང་དུ་བཤད་པའི་བདེ་བ་ཆེན་པོའི་ངོ་བོར་གྱུར་ནས་དེ་ཉིད་ཀྱིས་སྟོང་ཉིད་མངོན་སུམ་དུ་རྟོགས་པ་ན་ང་ཚོས་ཕྱག་རྒྱ་ཆེན་པོའི་རྟོག་པ་དངོས་ཐོབ་ཅིང་བདེ་སྟོང་ཟུང་འཇུག་གི་རྟོག་པ་ཡང་ཐོབ་པ་ཡིན། དེ་ནས་ཚེ་འདི་ཉིད་རང་ལ་སངས་རྒྱས་པ་གཏན་འཁེལ་བ་ཡིན། ང་ཚོ་ཐ་མལ་སྣང་ཞེན་གྱིས་རང་སེམས་བསྒྲིབས་ནས་མ་ཤེས་པ་མ་གཏོགས་འཇམ་མགོན་བླ་མའི་དངོས་སློབ་དང་ཡང་སློབ་སྐལ་ལྡན་གྱི་རྗེས་འཇུག་གྲངས་ལས་འདས་པས་དགེ་ལྡན་སྙན་བརྒྱུད་ཀྱི་མན་ངག་ལ་བརྟེན་ནས་ཚེ་གཅིག་ཉིད་ལ་སངས་རྒྱས་ཀྱི་གོ་འཕང་ཐོབ་པར་ཟེར་སྒྲོས་ཙམ་མ་ཡིན་པར་དངོས་ཡོད་རང་ཡིན། ཕྱག་ཆེན་རྩ་བ་ལས། འདི་ལ་སྦྱོར་དངོས་མཇུག་གསུམ་ལས། ཞེས་སོགས་གསུངས་པའི་གཞུང་དོན་ནི། ཕྱག་ཆེན་གྱི་རྟོག་པ་སྐྱེ་བ་ལ་དེ་ཉམས་སུ་ལེན་དགོས་པ་ཡིན། ཕྱག་ཆེན་ཇི་ལྟར་ཉམས་སུ་ལེན་ཚུལ་འདི་ལ་ས་བཅད་ཀྱི་རིམ་པ་གསུམ་ཡོད། དང་

པོ་སྨིན་འགྲོའི་ཉམས་ལེན། གཉིས་པ་དངོས་གཞིའི་ཉམས་ལེན། གསུམ་པ་མཇུག་གི་ཉམས་ལེན་ནོ། །དང་པོ་སྨིན་འགྲོའི་ཉམས་ལེན་ལ། སྨིན་འགྲོ་འཁྲིད་ཆེན་བཞི་ཞེས་ཡོངས་སུ་གྲགས་པ་བཞི་ཡོད། འཁྲིད་ཆེན་དང་པོ་ནི་བསྟན་པ་ལ་འཇུག་པའི་སྒོ་སྐྱབས་འགྲོ་རྣམ་དག་གི་ཉམས་ལེན་དང་། ཐེག་ཆེན་ལ་འཇུག་པའི་སྒོ་སྙིང་རྗེ་བྱང་ཆུབ་ཀྱི་སེམས་ཀྱི་ཉམས་འདི་ཡིན། འཁྲིད་ཆེན་གཉིས་པ་ནི། ཚོགས་གསོག་པ་དང་ཞིང་སྦྱོང་བའི་སྒོ་མཎྜལ་འབུལ་བའི་ཉམས་ལེན་འདི་ཡིན། འཁྲིད་ཆེན་གསུམ་པ་ནི། སྡིག་སྒྲིབ་སྦྱོང་བའི་སྒོ་རྡོར་སེམས་བསྒོམ་བཟླས་ལ་བརྟེན་ནས་སྟོབས་བཞི་ཚང་བའི་བཤགས་པའི་ཉམས་ལེན་བྱེད་པ་དེ་ཡིན། འཁྲིད་ཆེན་བཞི་པ་ནི། བྱིན་བརླབ་འཇུག་པའི་སྒོ་བླ་མའི་རྣལ་འབྱོར་གྱི་ཉམས་ལེན་བྱེད་པ་དེ་ཡིན། དང་པོ་བསྟན་པ་ལ་འཇུག་པའི་སྒོ་སྐྱབས་འགྲོ་རྣམ་དག་གི་ཉམས་ལེན་བྱེད་ཚུལ་ནི། དེ་ཡང་རྗེ་བཙུན་ས་པཎ་གྱིས། སྐྱབས་འགྲོ་མེད་ན་ཆོས་པ་མིན། །ཞེས་གསུངས། དེའི་དོན་ནི་ང་

ཆོས་སྐྱབས་འགྲོའི་ཉམས་ལེན་རྣམ་དག་ཅིག་བྱེད་མ་ཐུབ་ན་རང་ཉིད་སངས་རྒྱས་ཀྱི་བསྟན་པའི་ནང་དུ་མི་འཚུད་པ་ཡིན། དེ་མ་འཚུད་ན། རང་ཉིད་ལ་འཁོར་བའི་སྡུག་བསྔལ་ལས་གཏན་དུ་གྲོལ་བའི་ཐར་པ་དང་ཐམས་ཅད་མཁྱེན་པ་སངས་རྒྱས་ཀྱི་གོ་འཕང་དེ་འཐོབ་པའི་གོ་སྐབས་མེད་པས་མི་ལུས་འཐོབ་ཀྱང་མི་ལུས་དོན་མེད་པོ་ན་ཡིན། དེ་ལྟར་ཤེས་ནས་རང་གིས་རང་ལ་བསླུ་མ་འདེབས་པ་བཞིན་ང་ཆོས་འདི་ལྟར་བསམ་པར་བྱ་སྟེ། བདག་གིས་སྐྱབས་འགྲོའི་ཉམས་ལེན་རྣམ་དག་ཞིག་བྱས་ཏེ་རང་ཉིད་སངས་རྒྱས་ཀྱི་བསྟན་པའི་ནང་དུ་འཚུད་པ་ཞིག་ཅིས་ཀྱང་བྱའོ་མཉམ་དུ་ཐག་བཅད་དེ་ཐག་བཅད་པའི་དོན་དེ་མ་བརྗེད་པར་རྩེ་གཅིག་ཏུ་འཛིན་ཏེ་ཡང་ཡང་སྒོམས་པར་བྱའོ། །དེ་ནས་རྒྱུ་མེད་ན་འབྲས་བུ་མི་ཡོང་བས་ཐོག་མར་སྐྱབས་འགྲོའི་རྒྱུ་རང་རྒྱུད་ལ་སྐྱེ་དགོས་པས་དེའི་ཆེད་དུ་འདི་ལྟར་བསམ་པར་བྱ་སྟེ། བདག་དང་ནམ་མཁའ་དང་མཉམ་པའི་སེམས་ཅན་ཐམས་ཅད་གཏིང་མཐའ་མེད་པའི་འཁོར་བ་སྡུག་

བསྔལ་ཀྱི་རྒྱ་མཚོའི་ནང་དུ་གནས་ཏེ་འཆི་བདག་གཤིན་རྗེའི་ཆུ་སྲིན་གྱིས་རང་ལུས་ཡང་ཡང་ཟ་བ་དང་། འཆི་ལུགས་སྣ་ཚོགས་པའི་སྡུག་བསྔལ་མྱོང་བའི་སྒོ་ནས་འཆི་བདག་གཤིན་རྗེའི་ཆུ་སྲིན་གྱིས་ལུས་ནི་གྲངས་མེད་ཟ་བ་དང་། སྡུག་བསྔལ་གྲ་བརླབ་མི་བཟོད་པ་སྐྱེ་བའི་སྡུག་བསྔལ་འཁོར་ལོ་ནི་ཟད་མཐའ་མེད་པ་མྱོང་དགོས་པ་དེ་ཡང་གཅིག་ཏུ་སྐྱེས་ནས་ཚེ་ཡོངས་རྫོགས་དེའི་སྡུག་བསྔལ་མྱོང་། ཤི། ཡང་གཅིག་ཏུ་སྐྱེས་ནས་ཚེ་ཡོངས་རྫོགས་དེའི་སྡུག་བསྔལ་མྱོང་། ཤི། ཡང་སྐྱེ་བ་ལ་སོགས་པ་སྐྱེ་བའི་སྡུག་བསྔལ་ཟད་མཐའ་མེད་པ་མྱོང་དགོས་པ་དེ་ཐམས་ཅད་འཁོར་བར་སྐྱེ་བ་བླངས་པའི་རྐྱེན་གྱིས་བྱུང་། འཁོར་བར་སྐྱེ་བ་བླངས་པའི་དོན་ནི་འཁྲུལ་སྣང་མ་རིག་པས་སྐྱེད་པའི་བདག་གི་གདགས་གཞི་སྡུག་བསྔལ་གྱི་ཕུང་པོ་ལྔའི་རྒྱུན་མཐའ་མེད་པའི་རྒྱ་མཚོ་ལྟ་བུ་དེའི་ནང་དུ་སྐྱེ་བ་བླངས་པའི་དོན་ཡིན། དེའི་ནང་དུ་སྐྱེ་བ་བླངས་པའི་དོན་ཡང་སྨོངས་པའི་དབང་གིས་མཐའ་མེད་པའི་ཕུང་པོ་ལྔའི་རྒྱུན་དེ་ལ་

བདག་ཏུ་འཛིན་ཏེ་བདག་མེད་པ་ལ་ངའོ་སྙམ་དུ་བདག་ཏུ་འཛིན་ཏེ་འཁྲུལ་སྣང་སྐྱེ་འཆིའི་སྡུག་བསྔལ་མཐའ་མེད་དུ་མྱོང་དགོས་པའི་དོན་ཡིན། དེ་ལྟར་ཤེས་ནས་རང་གཞན་ཐམས་ཅད་ལ་འཁོར་བའི་སྐྱེ་བ་འདི་རེ་འཇིགས། སྐྱེ་བ་ངེས་མེད་འདི་རེ་འཇིགས། སྙམ་དུ་བསམ་ནས་སྐྱེ་བའི་འཁོར་ལོ་མཐའ་མེད་པའི་སྡུག་བསྔལ་འདི་ལ་གསོན་པོར་མེ་ནང་དུ་འཚུད་པ་ལྟ་བུའི་འཇིགས་སྐྲག་བསྐྱེད་དེ་དེ་ཉིད་མ་བརྗེད་པར་རྩེ་གཅིག་ཏུ་འཛིན་ཏེ་ཡང་ཡང་བསྒོམས། དེ་ལྟར་བསྒོམས་པས་ཉིན་མཚན་ཀུན་ཏུ་འཁོར་བ་སྐྱི་དང་བྲེ་བྲག་ངན་སོང་དུ་སྐྱེ་བ་ལེན་པ་ལ་འཇིགས་པའི་བློ་དེ་མ་བརྗེད་པར་འཛིན་ཏེ་གནས་དགོས། ཕྱིར་འཇིགས་པ་སྐྱེ་བ་ལ་དགོས་པ་མེད་ཀྱང་གོང་དུ་བཤད་པའི་འཇིགས་པ་འདིས་ནི་སྐྱབས་འགྲོ་རྣམ་དག་གི་སྒོ་ཕྱེ་བས་ཤིན་ཏུ་དོན་དང་ལྡན་པ་དང་། སྐྱབས་འགྲོ་རྣམ་དག་གི་རྒྱུར་མེད་དུ་མི་རུང་བ་ཞིག་ཡིན། རང་རེ་ད་ལྟ་བར་དུ་སྐྱབས་འགྲོ་རྣམ་དག་བྱེད་མ་ཐུབ་པ་ནི་གོང་དུ་བཤད་པའི་འཇིགས་པ་དེ་མེད་པའི་

སྐྱོན་གྱིས་ཡིན། དེས་ན་འདི་ལྟར་བསམ་པར་བྱ་སྟེ། སྐྱེས་པའི་འཁོར་ལོ་མཐའ་མེད་པའི་སྡུག་བསྔལ་འདི་ལ་གསོན་པོར་མེ་ནང་དུ་འཚུད་པ་ལྟ་བུའི་འཇིགས་སྐྲག་ཡོད་པས་བདག་གིས་ཉིན་མཚན་ཀུན་ཏུ་འཁོར་བའི་སྐྱེ་བ་འདི་གཏན་དུ་བཟློག་པ་ལ་བརྩོན་པར་བྱའོ། །དེའི་རྩ་བ་བདག་འཛིན་མ་རིག་པ་གཏན་དུ་བཟློག་པ་ལ་བརྩོན་པར་བྱའོ། །ཞེས་ཐག་བཅད་དེ་དེ་ཉིད་མ་བརྗེད་པར་རྩེ་གཅིག་ཏུ་འཛིན་ཏེ་ཡང་ཡང་སྒོམས། དེ་ལྟ་བུའི་ཐག་བཅད་པའི་སེམས་རྒྱུན་ཆགས་པ་དེ་ནི་ངེས་འབྱུང་རྣམ་དག་ཡིན་ཅིང་དེས་ཐར་པའི་སྒོ་ཕྱེ་བ་ཡིན་ནོ། །འོ་ན་ཐབས་ཇི་འདྲ་ཞིག་ལ་བརྟེན་ནས་འཁོར་བའི་སྐྱེ་བ་གཏན་དུ་བཟློག་པ་དང་དེའི་རྩ་བ་བདག་འཛིན་མ་རིག་པ་གཏན་ཏུ་སྤོང་བ་ཡིན་ཞེ་ན། དེ་ནི་སངས་རྒྱས་ཀྱི་བྱིན་རླབས་འཇུག་པ། དགེ་འདུན་གྱི་གྲོགས་མཛད་པ། ཆོས་བསླབ་པ་གསུམ་ཉམས་སུ་བླངས་པ་ལ་བརྟེན་ནས་བསྒྲུབ་ནུས་པ་ཡིན། རྒྱུ་མཚན་དེ་ཡི་ཕྱིར་འཁོར་བ་མཐའ་མེད་པའི་སྡུག་བསྔལ་འདི་ལས་སྐྱོབ་པའི་སྐྱབས་ནི་

སངས་རྒྱས་ཆོས་དགེ་འདུན་ཏེ་སྐྱབས་གནས་བསླུ་བ་མེད་པ་དཀོན་མཆོག་གསུམ་ཁོ་ན་ལས་གཞན་པ་གང་དུ་ཡང་མི་རྙེད་པ་ཡིན། དེ་ལྟར་ཤེས་བཞིན་བསམས་ནས་དཀོན་མཆོག་གསུམ་ལ་སྙིང་གི་ཁོངས་ནས་དད་པ་དང་ཡིད་ཆེས་བཟློག་ཏུ་མེད་པ་སྐྱེད་དགོས་པ་ཡིན། འདི་ཡང་སྐྱབས་འགྲོ་རྣམ་དག་གི་རྒྱུ་ཡིན། དེ་ནས་མདུན་གྱི་ནམ་མཁར་རང་གི་རྩ་བའི་བླ་མ་དང་རྗེ་བླ་མ་བློ་བཟང་གྲགས་པ་སྟོན་པ་ཐུབ་པའི་དབང་པོ་དང་གཉིས་སུ་མེད་པའི་བླ་མ་འཁོར་ལོ་སྡོམ་པ་ཡབ་ཡུམ་ལ་ཕྱོགས་བཅུའི་སངས་རྒྱས་ཀྱིས་བསྐོར་བ་མངོན་སུམ་དུ་བཞུགས་པ་མོས་སྟོབས་ཀྱིས་བསྐྱེད་དེ། དེ་ལ་དམིགས་པ་གཏད་དེ་ཡིད་དད་འདུན་དྲག་པོས་རྩེ་གཅིག་ཏུ་བསྒོམས་པ་ལ་ཡུད་ཙམ་གནས། དེ་ལྟར་སྐྱབས་ཡུལ་བསྐྱེད་ཅིང་གསལ་བཏབ་པའི་མདུན་དུ་ཚིག་ལན་གསུམ་བརྗོད་པ་དང་བཅས་ཏེ་འདི་ལྟར་ཁས་ལེན་བྱ་སྟེ་བླ་མ་བློ་བཟང་ཐུབ་དབང་ཧེ་རུ་ཀ། ཞེས་འབོད་དེ་བདག་གི་དུས་འདི་ནས་བྱང་ཆུབ་མ་ཐོབ་བར་དུ་སངས་རྒྱས་ཆོས་དང་དགེ་

འདུན་ཏེ་དཀོན་མཆོག་གསུམ་ཁོ་ན་སྐྱབས་སུ་བསྟེན་ཅིང་འཛིན་ནོ། །སངས་རྒྱས་ཀྱི་བྱིན་བརླབ་དང་དགེ་འདུན་གྱི་གྲོགས། ཆོས་དཀོན་མཆོག་གི་རྟོགས་པ། བདག་གཞན་འཁོར་བའི་འཇིགས་པ་ལས་སྐྱོབས་པའི་མཐར་ཐུག་གི་སྐྱབས་སུ་བསྒྲུབ་པར་བྱའོ། །ཞེས་ལན་གསུམ་བརྗོད་དེ་ཐེག་པ་ཆེན་པོའི་སྐྱབས་འགྲོའི་སྡོམ་པ་ལེན་པའི་ཉམས་ལེན་འདི་ཉིན་རེ་བཞིན་བྱེད་པ་གལ་ཆེ། དཀོན་མཆོག་གསུམ་ལ་སྐྱབས་སུ་འགྲོ་བའི་དོན་ནི། སངས་རྒྱས་ཀྱི་བྱིན་བརླབ་དང་། དགེ་འདུན་གྱི་གྲོགས། ཆོས་བསླབ་པ་གསུམ་གྱི་རྟོགས་པ། རང་གཞན་འཁོར་བའི་འཇིགས་པ་ལས་སྐྱོབས་པའི་སྐྱབས་སུ་བསྒྲུབ་པ་དམ་བཅའ་བའམ་ཁས་ལེན་པའི་དོན་ཡིན། འདི་ནི་སྐྱབས་འགྲོའི་བསླབ་བྱ་གཙོ་བོ་ཡང་ཡིན་ནོ། །དེ་ནས་སྔོན་འགྲོ་འཁྲིད་ཆེན་དང་པོའི་ཁྲུངས་གདོགས་ཐེག་ཆེན་ལ་འཇུག་པའི་སྒོ་སྙིང་རྗེ་བྱང་ཆུབ་ཀྱི་སེམས་ཀྱི་ཉམས་ལེན་ཇི་ལྟར་བྱ་བ་ནི། དེ་ཡང་རྣམ་པར་ཤེས་པ་གཞན་དོན་དང་བྱང་ཆུབ་དོན་གཉེར་གྱི་འདུན་པ་

གཉིས་ལྡན་ཞིག་ལ་བྱང་ཆུབ་ཀྱི་སེམས་ཟེར། འདུན་པ་དང་པོ་ནི། སེམས་ཅན་ཐམས་ཅད་ལ་ཉིན་རེ་བཞིན་དུ་དངོས་སུ་ཕན་གདགས་འདོད་དེ་ཡིན། གཉིས་པ་ནི། དེའི་ཆེད་དུ་རང་ཉིད་སངས་རྒྱས་ཀྱི་གོ་འཕང་འཐོབ་འདོད་དེ་ཡིན། སེམས་ཅན་ཐམས་ཅད་ཀྱི་དོན་དུ་སངས་རྒྱས་ཀྱི་གོ་འཕང་འཐོབ་འདོད་ཀྱི་བློ་བཅོས་མ་མ་ཡིན་པ་རང་རྒྱུད་ལ་སྐྱེ་བ་ན། རང་ཉིད་བྱང་ཆུབ་སེམས་དཔར་གྱུར་བ་ཡིན་ཞིང་རྒྱལ་བའི་སྲས་ཞེས་ཀྱང་བརྗོད་པ་ཡིན། དེ་ལྟ་བུའི་བྱང་ཆུབ་ཀྱི་སེམས་དེས་རང་ཉིད་ལ་ཐེག་པ་ཆེན་པོའི་ལམ་གྱི་སྒོ་ཕྱེ་བ་ཡིན་པས། སེམས་དེ་ལ་ཐེག་ཆེན་ལམ་གྱི་འཇུག་སྒོ་ཟེར། སེམས་བཟང་པོ་བྱང་ཆུབ་ཀྱི་སེམས་ཀྱི་རྟོག་པ་སྐྱེ་བ་ལ་དེ་ཉམས་སུ་ལེན་པ་ལ་འབད་བརྩོལ་བྱེད་དགོས་ཀྱི། སེམས་དེ་རང་བཞིན་གྱིས་སྐྱེ་བ་མི་སྲིད་དོ། །དེ་ཇི་ལྟར་ཉམས་སུ་ལེན་ཚུལ་ནི། འཇམ་མགོན་བླ་མས། བཏང་སྙོམས་ཀྱི་ས་གཞི་ལ་བྱམས་པའི་ཆུས་བརླན་ཞིང་སྙིང་རྗེའི་ས་བོན་བཏབས་པ་ལས་བྱང་ཆུབ་ཀྱི་སེམས་ཀྱི་སྨན་གྱི་ལྗོན་ཤིང་

འབྱུངས་ ཞེས་ གསུངས་ པ་ ལྟར་ སྐབས་ འདིར་ ས་ གཞིར་ འཇོག་ པའི་ བཏང་ སྙོམས་ ནི་ སེམས་ ཅན་ ཐམས་ ཅད་ ལ་ དམིགས་པའི་ཡིད་འོང་གི་བྱམས་པ་དེ་ཡིན། བྱམས་པའི་ཆུས་ བསླན་ ཞེས་ པའི་ བྱམས་ པ་ ནི་ སེམས་ ཅན་ ཐམས་ ཅད་ ལ་དམིགས་པའི་གཅེས་འཛིན་གྱི་བྱམས་པ་ཡིན། སྨན་གྱི་ལྗོན་ཤིང་ནི་བྱང་ཆུབ་ཀྱི་སེམས་ཀྱི་རྟོགས་པ་དེ་ཡིན། དེས་ན་ བྱང་ཆུབ་ ཀྱི་ སེམས་ ཀྱི་ ཉམས་ ལེན་ ལ་ རིམ་ པ་ བཞི་ ཡོད། དང་པོ་ཡིད་འོང་གི་བྱམས་པའི་ཉམས་ལེན། གཉིས་པ་གཅེས་འཛིན་གྱི་བྱམས་པའི་ཉམས་ལེན། གསུམ་པ་སྙིང་རྗེ་ཆེན་པོའི་ཉམས་ལེན། བཞི་པ་བྱང་ཆུབ་ཀྱི་སེམས་དངོས་གཞི་ཉམས་ལེན་བཅས་ཡིན། དང་པོ་ཡིད་འོང་གི་བྱམས་པ་ཉམས་སུ་ལེན་ཚུལ་ནི། དེ་རང་གི་རྒྱུད་ལ་བསྐྱེད་པའི་ཕྱིར་དུ་འདི་ལྟར་བསམ་པར་བྱ་སྟེ། སྤྱིར་གསང་སྔགས་བླ་མེད་དེ་སངས་རྒྱས་འཐོབ་པའི་མྱུར་ལམ་དུ་གྲགས་ཀྱང་སེམས་ཅན་ཐམས་ཅད་ལ་དམིགས་པའི་སྙིང་རྗེ་ཆེན་པོ་བཅོས་མ་མ་ཡིན་པ་འདི་མདོ་ནས་བཤད་པའི་མྱུར་ལམ་ཡིན། དེ་ཡོད་

ན་དེའི་སྟོབས་ཀྱིས་ཉིན་མཚན་ཀུན་ཏུ་སྐད་ཅིག་ཀྱང་མི་སྟོད་པར་སངས་རྒྱས་འཐོབ་པ་ལ་ཉེ་རུ་ཉེ་རུ་འགྲོ་བ་ཡིན། དེ་འདྲའི་སྙིང་རྗེ་དེ་ང་ཚོར་ཡོད་ན་བཀའ་གདམས་པའི་དགེ་བཤེས་འཕྱུད་ཁ་བ་བཞིན་ང་ཚོ་སྐྱེ་བ་ཕྱི་མར་དམྱལ་བར་འགྲོ་འདོད་ཀྱང་ལས་དང་སེམས་དག་པའི་སྟོབས་ཀྱིས་དག་ཞིང་དུ་སྐྱེ་བ་ཐེ་ཚོམ་མེད། དེས་ན་ཡིད་འོང་གི་བྱམས་པའི་རྟགས་པ་བསྐྱེད་པའི་ཆེད་དུ་འདི་ལྟར་བསམ་པར་བྱ་སྟེ། སྔར་འདས་པའི་སངས་རྒྱས་ཐམས་ཅད་ཀྱིས་སངས་རྒྱས་ཀྱི་གོ་འཕང་སྙིང་རྗེ་ཆེན་པོའི་རྟགས་པ་ལ་བརྟེན་ནས་ཐོབ་པ་ཡིན། མ་འོངས་པའི་སངས་རྒྱས་ཐམས་ཅད་ཀྱང་དེ་དང་མཚུངས་ཤིང་སངས་རྒྱས་ཀྱི་གོ་འཕང་ཐོབ་རྒྱུ་འདི་ནི་ད་ལྟ་མི་ལུས་ཐོབ་པའི་དགོས་པའི་གཙོ་བོ་ཡིན་པས་བདག་གིས་ངེས་པར་དུ་སངས་རྒྱས་ཀྱི་གོ་འཕང་དེ་འཐོབ་པར་བྱའོ། སྙམ་པའི་སེམས་ཤུགས་ཆེར་བསྐྱེད། དེ་ལྟར་ནའང་སངས་རྒྱས་ཀྱི་གོ་འཕང་འཐོབ་པ་སྙིང་རྗེ་ཆེན་པོའི་རྟགས་པ་སྐྱེ་བ་ལ་རགས་ལས་ཤིང་དེ་ཡང་སྙིང་རྗེ་ཆེན་པོའི་དམིགས་རྟེན་

མེད་པར་དེ་སྐྱེ་བར་མི་སྲིད་ལ། དམིགས་རྐྱེན་ནི་སེམས་ཅན་ཁོ་ནས་བྱེད་པས་དེས་ན་སེམས་ཅན་ཐམས་ཅད་ཀྱིས་བདག་གི་སྙིང་རྗེའི་དམིགས་རྐྱེན་བྱེད་པའི་སྒོ་ནས་བདག་སངས་རྒྱས་ཀྱི་མྱུར་ལམ་ལ་འཁྲིད་པས་སེམས་ཅན་ཐམས་ཅད་བདག་ལ་ལམ་སྟོན་པའི་བཤེས་གཉེན་ལྟ་བུ་དང་། དྲིན་གྱིས་བསྐྱངས་པའི་མ་ཡིན་པ་ཤེས་པའི་སྟོབས་ཀྱི་སེམས་ཅན་ཐམས་ཅད་ལ་ཁྱད་པར་མེད་པར་སྙིང་ནས་དགའ་ཞིང་ཉེ་བའི་སེམས་རྒྱུན་ཆགས་པ་བསྐྱེད་པ་དེ་སེམས་ཅན་ཐམས་ཅད་ལ་དམིགས་པའི་ཡིད་འོང་གི་བྱམས་པ་ཡིན། དེ་ལྟ་བུའི་ཡིད་འོང་གི་བྱམས་པ་དེས་རང་སེམས་མ་སྙོམས་པ་འདོད་ཆགས་དང་ཞེ་སྡང་སྐྱེས་པ་བཀག་ནས་སེམས་ཅན་ཐམས་ཅད་ལ་ཉེ་རིང་མེད་པར་བྱམས་སེམས་བསྐྱེད་ཅིང་རང་སེམས་སྙོམས་པར་བྱེད་པས་ན་དེ་ལ་བཏང་སྙོམས་ཡང་ཟེར་རོ། །རང་གི་རྣམ་ཤེས་ཀྱི་སྟེང་དུ་བཏང་སྙོམས་ཀྱི་ས་གཞི་སེམས་ཅན་ཐམས་ཅད་ལ་དམིགས་པའི་ཡིད་འོང་བྱམས་པ་འདི་ཡོད་ན་ལྷག་མ་གཅེས་འཛིན་གྱི་བྱམས་པ་

དང་སྙིང་རྗེ་ཆེན་པོ་དང་བྱང་ཆུབ་སེམས་ཀྱི་རྟོགས་པ་བསྐྱེད་པ་ཤིན་ཏུ་སླ་བ་ཡིན། དེ་དག་ཉམས་སུ་ལེན་ཚུལ་རྒྱས་པ་སྤྱོད་འཇུག་དང་ལམ་རིམ་རྣམ་གྲོལ་ལག་བཅངས་སོགས་ལས་ཤེས་དགོས། མདོར་ན་ལམ་རིམ་དང་བློ་སྦྱོང་བསྐྱེད་རིམ་དང་བཅས་པ་ཕྱག་ཆེན་གྱི་སྔོན་འགྲོ་ཡིན། ཕྱག་ཆེན་གྱི་ཉམས་ལེན་དངོས་གཞི་གཙོ་བོ་ནི་རྫོགས་རིམ་གྱི་ཉམས་ལེན་ཡིན། ཕྱག་ཆེན་ངོ་མ་ནི་རྫོགས་རིམ་གྱི་རྟོགས་པ་མཐོ་པོ་བདེ་སྟོང་ཟུང་འཇུག དོན་གྱི་འོད་གསལ་ཟེར་བ་དེ་ཡིན། མདོ་ལུགས་ཕྱག་ཆེན་ཞེས་པ་ཞིག་བརྗོད་ཀྱི་ཡོད་ཀྱང་དེ་ཕྱག་ཆེན་ངོ་མ་མིན། ཕྱག་ཆེན་གྱི་སྔོན་འགྲོ་ལམ་རིམ་དང་བློ་སྦྱོང་ཉམས་སུ་ལེན་ཚུལ་ལ་རྒྱས་བསྡུས་གཉིས་ལས་རྒྱས་པ་ནི་ལམ་རིམ་དང་བློ་སྦྱོང་གི་གཞུང་ཆེ་བ་རྣམས་ལྟར་ཉམས་སུ་ལེན། བསྡུས་པ་ནི་ཡོན་ཏན་གཞི་འགྱུར་མ་དང་། ཞིང་མཆོག་དམ་པ་མ། ཡང་ན་བླ་མེད་ལུགས་ཀྱི་དགའ་ལྷའི་རྣལ་འབྱོར་ནང་ལམ་རིམ། བློ་སྦྱོང་། བསྐྱེད་རིམ། རྫོགས་རིམ་བཅས་པ་ལ་ཤར་བསྒོམ་བྱེད་པའི་གསོལ་

འདེབས་ཟུར་དུ་བཀོད་ཡོད་པ་ལྟར་ཉམས་སུ་ལེན་པ་ཡིན། དཔེར་ན། བྱང་ཆུབ་ཀྱི་སེམས་ཉམས་སུ་ལེན་ཚུལ་བསྡུས་པ་ནི་བླ་མ་མཆོད་པ་ལས། མ་སེམས་ཅན་ཀུན་གྱི་དོན་གྱི་ཕྱིར། བདག་ཉིད་བླ་མ་ལྷར་གྱུར་ནས། །སེམས་ཅན་ཐམས་ཅད་བླ་མ་ལྷའི། །གོ་འཕང་མཆོག་ལ་འགོད་པར་བྱ། །ཞེས་པ་ནས་ཤེས་དགོས། འདི་ནི་སྔགས་ལུགས་ཀྱི་བྱང་ཆུབ་ཀྱི་སེམས་བསྐྱེད་ཚུལ་ཡིན། བདག་ཉིད་བླ་མ་ལྷར་ཞེས་པའི་བླ་མ་ལྷ་ནི་རང་གི་ཡི་དམ་གྱི་གཙོ་བོ་དེ་ཡིན། རང་ཅག་སྐྱབས་རྗེ་བདེ་ཆེན་སྙིང་པོ་ཡབ་སྲས་ཀྱི་རྗེས་འཇུག་པ་རྣམས་ཀྱི་བླ་མ་ལྷ་ནི་བླ་མ་ཧེ་རུ་ཀ་ལ་བྱེད་དགོས་སྟེ་རྒྱུ་མཚན་ནི་རང་ཅག་ཕ་རྗེས་བུ་ཡིས་ཟིན་པ་བྱེད་དགོས་པས་སོ། །ང་ཚོས་གོང་གི་ཚིག་བཅད་ཀྱི་དོན་ཡིད་ལ་བསམས་ནས་བྱང་ཆུབ་ཀྱི་སེམས་བསྐྱེད་དེ་སྒོམས་དགོས་པ་ཡིན།

སྔོན་འགྲོ་འཁྲིད་ཆེན་གཉིས་པ། ཚོགས་གསོག་པ་དང་ཞིང་སྦྱོང་བའི་སྒོ་མཎྜལ་འབུལ་བའི་ཉམས་ལེན་ནི་སྦྱོར་བཏང་ཚོགས་གསོག་པའི་ཉམས་ལེན་ཤིན་ཏུ་རྒྱ་ཆེ་བ་ཡིན། འོན་

ཀྱང་སྐབས་འདིར་མཎྜལ་འབུལ་བའི་ཉམས་ལེན་ཟུར་དུ་བཤད་པ་ལ་དགོས་པ་ཆེན་པོ་ཡོད། མཎྜལ་འབུལ་བའི་ཉམས་ལེན་འདི་ལ་མདོ་ལུགས་ཀྱི་ཞིང་དག་སྦྱོར་བའི་ཉམས་ལེན་ཚང་ཞིང་སྔགས་ལུགས་ཀྱི་གནས་དང་ལུས་དང་ལོངས་སྤྱོད་དང་མཛད་པ་ཡོངས་སུ་དག་པའི་ཡོང་དག་བཞིའི་ཉམས་ལེན་ཚང་བ་ཡིན། ཉམས་ལེན་བྱེད་ཤེས་མཁན་རྣམས་ལ་མཎྜལ་འབུལ་བའི་ཉམས་ལེན་འདི་ཤིན་ཏུ་ཟབ་ཅིང་ནུས་པ་ཆེ་ལ་ཕན་ཐོག་མྱུར་བ་བཅས་ཡིན། རྒྱུ་མཚན་འདི་ལ་བརྟེན་ནས་རྗེ་བླ་མས་གཞན་ལ་དཔེ་བསྟོན་ཕྱིར་མཎྜལ་འབུལ་བ་འདི་ཉམས་ལེན་གྱི་གཙོ་བོ་ཞིག་མཛད་པ་རེད། མཎྜལ་འབུལ་ཚུལ་ནི་མ་དག་པའི་འཛིག་རྟེན་གྱི་སྣོད་བཅུད་ཀྱི་སྣང་བ་ཐམས་ཅད་བཀག་ནས་གང་སྣང་སངས་རྒྱས་ཀྱི་ཞིང་གི་སྣོད་བཅུད་དུ་མོས་སྟོབས་ཀྱིས་བསྐྱེད་དེ་མོས་སྟོབས་ཀྱིས་བསྐྱེད་པའི་དག་ཞིང་གི་སྣོད་བཅུད་ཐམས་ཅད་བླ་མ་ལྷའི་ལྷ་ཚོགས་ལ་འབུལ་བ་ཡིན། འབུལ་ཡུལ་གྱི་གཙོ་བོ་བླ་མ་ལྷ་ནི་བླ་མ་ཧེ་རུ་ཀ་ཡིན། དེ་

ནི་རང་གི་བླ་མ་ཡང་ཡིན། བློ་བཟང་གྲགས་པ་ཡང་ཡིན། སྟོན་པ་ཐུབ་པའི་དབང་པོ་ཡང་ཡིན་པས་དེ་ལ་བླ་མ་བློ་བཟང་ཐུབ་དབང་ཧེ་རུ་ཀ་ཞེས་བརྗོད་པ་ཡིན། དམིགས་བསལ་ཤེས་རྒྱུ་ཞིག་ལ་གོང་དུ་བཤད་པ་ལྟར་རང་ཅག་རྗེ་བདེ་ཆེན་སྙིང་པོ་ཡབ་སྲས་ཀྱི་རྗེས་འཇུག་པ་རྣམས་ཀྱི་ཡི་དམ་གྱི་གཙོ་བོ་ནི་ཧེ་རུ་ཀ་ཡབ་ཡུམ་ལ་བྱེད་དགོས་པ་ཡིན། དེའི་རྒྱུ་མཚན་ནི་ང་ཚོས་ཕ་རྗེས་བུ་ཡིས་ཟིན་པ་བྱེད་དགོས་པའི་ཕྱིར་རོ། །མདོར་ན་གོང་དུ་བཤད་པ་ལྟར་མཧྲུལའབུལ་བ་ནི་མོས་སྟོབས་ཀྱིས་བསྐྱེད་པའི་དག་ཞིང་འབུལ་བ་ཡིན། མོས་སྟོབས་ཀྱིས་བསྐྱེད་པའི་དག་ཞིང་འབུལ་བ་དང་དག་ཞིང་ངོ་མ་འབུལ་བ་ལ་ཁྱད་པར་མེད་དེ། དེ་གཉིས་ཀ་སེམས་དག་པའི་སྣང་བ་ཙམ་ཡིན་པས་ཡོད་ན་ཡོད་སྙམ་དང་། མེད་ན་མེད་སྙམ་ཡིན་པའི་ཕྱིར་རོ། །གསང་སྔགས་ཀྱི་རྟོགས་པ་རྣམས་ནི་གཙོ་བོར་མོས་སྟོབས་ཀྱིས་བསྒྲུབས་པ་ཡིན། ཡང་ན་བླུན་རྨོངས་དད་པ་ཅན་ཞེས་པ་ལྟར་སྐྱེ་བོ་འགའ་ཞིག་ཕྱི་ལྟར་དུ་གང་ཡང་མི་ཤེས་པ་བླུན་པོ་ལྟ་བུ་ཡིན་

ཡང་། དད་པ་དང་མོས་པའི་སྟོབས་ཆེ་བའི་རྐྱེན་གྱིས་གསང་སྔགས་ཀྱི་རྟོགས་པ་མཐོན་པོར་སླེབས་པ་མང་པོ་ཡོད། བཀའ་གདམས་པའི་དགེ་བཤེས་བྲ་ཤུལ་པ་ལྷ་བྲུ་ཁོང་མི་ཚེ་ཧྲིལ་པོ་དགེ་བའི་བཤེས་གཉེན་གྱི་ཞབས་གཡོག་ཁོ་ན་མཛད་དེ་ཆོས་ཉན་པ་དང་བསྒོམ་པའི་དུས་ཚོད་མ་བྱུང་ཡང་དད་པ་དང་མོས་པའི་ཉམས་ལེན་སྟོབས་ཤིན་ཏུ་ཆེ་བས་ཁོང་རྟོགས་པ་མཐོན་པོར་སླེབས་པ་དེ་དུས་ཀྱི་མཁས་པ་རྣམས་ལ་གྲགས་པ་ཡིན། དག་ཞིང་ཞེས་པ་ཡུལ་སྟེང་ནས་གྲུབ་པ་ཞིག་གཏན་ནས་མེད། དེ་ནི་སེམས་དག་པའི་སྣང་བ་ཙམ་ཡིན། མ་དག་པའི་འཇིག་རྟེན་ཞེས་པ་ཡང་རང་ངོས་ནས་གྲུབ་པ་ཞིག་གཏན་ནས་མེད། དེ་ནི་སེམས་མ་དག་པའི་སྣང་བ་ཁོ་ན་ཡིན། སྐད་ཅིག་སྐད་ཅིག་གིས་འཇིག་པའི་ཆོས་ཅན་སྡུག་བསྔལ་གྱི་རྟེན་བྱེད་པ་དེ་ལ་འཇིག་རྟེན་ཟེར། དེ་ལ་སྣོད་ཀྱི་འཇིག་རྟེན་དང་བཅུད་ཀྱི་འཇིག་རྟེན་གཉིས་ཡོད། དང་པོ་ནི། ད་ལྟ་ང་ཚོ་སྐྱེས་པའི་འཇིག་རྟེན་གྱི་ཁམས་འདི་ཡིན། གཉིས་པ་ནི་དེར་སྐྱེས་པའི་སེམས་ཅན་རྣམས

ཡིན། སེམས་ཅན་རྣམས་ལ་བཅུད་ཀྱི་འཇིག་རྟེན་ཡང་ཟེར། སེམས་ཅན་འཇིག་རྟེན་ཡང་ཟེར། ང་རང་ཚོ་སེམས་ཅན་འཇིག་རྟེན་རྣམས་རྒྱུད་མ་དག་པ་ཡིན་པའི་རྐྱེན་གྱིས་ང་ཚོ་སྐྱེས་པའི་ཡུལ་སྣོད་ཀྱི་འཇིག་རྟེན་ཡང་མ་དག་པའི་གནས་སུ་གྱུར་པ་རེད། མངོན་རྟོགས་རྒྱན་ལས། སེམས་ཅན་འཇིག་རྟེན་དེ་བཞིན་དུ། །སྣོད་ཀྱི་འཇིག་རྟེན་མ་དག་པ།། ཞེས་གསུངས། འོ་ན་སངས་རྒྱས་ཀྱི་དག་པའི་ཞིང་དེ་སྒྲུབ་ཚུལ་གང་ཡིན་ཞེ་ན། དད་པ་དང་མོས་པའི་སྟོབས་ཀྱིས་མ་དག་པའི་སྣོད་བཅུད་ཀྱི་སྣང་བ་ཐམས་ཅད་བཀག་ནས་གང་སྣང་དག་པའི་སྣོད་བཅུད་དུ་བསྐྱེད་དེ། དེ་ཡང་ཡང་བསྒོམ་ན་བསྒོམ་དེའི་སྟོབས་ཀྱིས་ང་རང་ཚོའི་རྒྱུད་དག་དེ་ང་ཚོས་སངས་རྒྱས་ཀྱི་དག་པའི་ཞིང་བསྒྲུབ་ནུས་པ་ཡིན། མངོན་རྟོགས་རྒྱན་ལས། འདི་ལ་དག་པ་བསྒྲུབ་པ་ནི། །སངས་རྒྱས་ཞིང་ནི་དག་པར་བརྗོད། །ཞེས་གསུངས། འདི་ལྟ་བུའི་སངས་རྒྱས་ཀྱི་ཞིང་བསྒྲུབ་པའི་ཉམས་ལེན་དེ་མཎྜལ་འབུལ་བའི་ཉམས་ལེན་ལ་ཚང་བ་ཡིན། ཉམས་ལེན་འདི་

ལ་བརྟེན་ནས་ང་ཚོ་སངས་རྒྱས་ཀྱི་དག་ཞིང་དུ་སྐྱེས་ན་ཕལ་ཆེར་སངས་རྒྱས་ཐོབ་པ་དང་ཁྱད་པར་མེད་པ་ལྟ་བུ་ཡིན། མཎྜལ་འབུལ་ཚུལ་སྤྱི་བཤད་རྒྱས་པ་ལམ་རིམ་གྱི་གཞུང་ན་གསལ་བས་དེ་ལས་ཤེས་དགོས། ད་ནི་སྔོན་འགྲོའི་འཁྲིད་ཆེན་གསུམ་པ། སྡིག་སྒྲིབ་སྦྱོང་བའི་སྒོ་རྡོར་སེམས་བསྒོམ་བཟླས་ལ་བརྟེན་ནས་སྟོབས་བཞི་ཚང་བའི་བཤགས་པའི་ཉམས་ལེན་བྱེད་ཚུལ་ནི། དེ་ཡང་དུད་འགྲོ་རྣམས་ལ་ཆོས་ཉན་པ་དང་། བསམ་པ་དང་། བསྒོམ་པའི་གོ་སྐབས་གཏན་ནས་མེད་པ་ནི་ཚེ་སྔོན་མ་རྣམས་སུ་སངས་རྒྱས་དང་ཆོས་དང་དགེ་འདུན་ལ་སྐུར་བ་བཏབ་པའི་སྡིག་པའི་འབྲས་བུ་ཡིན། རང་ཅག་མི་རྣམས་ལ་དེའི་གོ་སྐབས་ཡོད་ཀྱང་མང་ཆེ་བར་ཆོས་ལ་དོན་གཉེར་མེད། དོན་གཉེར་ཡོད་པ་རྣམས་ལའང་ཆོས་ཉན་ན་དོན་མི་གོ། བསམ་ན་དགའ་བ་མི་སྐྱེ། བསྒོམ་ན་རྟོགས་པ་མི་སྐྱེ། ཕྱི་ནང་འགལ་རྐྱེན་ཁོ་ནས་ཆོས་རྣམ་དག་བྱེད་མི་ཐུབ་པ་འདི་ཡང་ཚེ་སྔོན་མ་རྣམས་སུ་དཀོན་མཆོག་གསུམ་ལ་བཀུར་བ་བཏབས་པའི་སྡིག་པའི་

འབྲས་བུ་ཡིན། སྡིག་པ་ནི་ཆོས་ཀྱི་རྟོགས་པ་སྐྱེ་བ་ལ་བར་དུ་གཅོད་པའི་འགལ་རྐྱེན་གྱི་གཙོ་བོ་དང་། སྡུག་བསྔལ་ཐམས་ཅད་ཀྱི་རྒྱུ་ཡིན་པས་འདི་ངེས་པར་དུ་བཤགས་པས་དག་པར་བྱེད་དགོས། བཅོམ་ལྡན་འདས་ཀྱིས་སྡིག་པ་དག་པར་བྱེད་པའི་ཐབས་ཀྱི་སྒོ་དུ་མ་ཞིག་གསུངས་པའི་མཆོག་ཏུ་གྱུར་པ་ཞིག་ནི་རྡོ་རྗེ་སེམས་དཔའི་བསྒོམ་བཟླས་ཀྱི་ཉམས་ལེན་འདི་ཡིན། འདི་ཇི་ལྟར་ཉམས་སུ་ལེན་ཚུལ་འཁྲིད་ཡིག་ཟུར་དུ་ཡོད་པ་ལས་ཤེས་དགོས། ད་ནི་སྔོན་འགྲོ་འཁྲིད་ཆེན་བཞི་པ་བླ་མའི་རྣལ་འབྱོར་ཏེ་ཕྱག་ཆེན་ཉམས་ལེན་གྱི་སྔོན་འགྲོ་བླ་མའི་རྣལ་འབྱོར་ནི་བླ་མ་མཆོད་པ་ཞེས་ཡོངས་སུ་གྲགས་པ་མགོན་པོ་འོད་དཔག་མེད་མི་ཡི་རྣམ་པར་རོལ་པ་རྗེ་བཙུན་བློ་བཟང་ཆོས་ཀྱི་རྒྱལ་མཚན་གྱིས་མཛད་པ་འདི་ཡིན། འདི་ཇི་ལྟར་ཉམས་སུ་ལེན་ཚུལ་འདིའི་འཁྲིད་ཡིག་བཀའ་ཆེན་ཡེ་ཤེས་རྒྱལ་མཚན་གྱིས་མཛད་པ་ལས་ཤེས་དགོས། བླ་མའི་རྣལ་འབྱོར་དགའ་ལྡན་ལྷ་བརྒྱ་མ་ཞེས་པ་དགའ་ལྡན་སྤྲུལ་པའི་གླེགས་བམ་ལས

ཕྱུངས་པ་འདི་ཡང་ཕྱག་ཆེན་གྱི་སྔོན་འགྲོ་བླ་མའི་རྣལ་འབྱོར་དུ་ཉམས་སུ་བླང་ཆོག་པ་ཡིན། འདི་ཡོངས་གྲགས་མིན་ཡང་སྙན་རྒྱུད་ཡིན་པས་བླ་མའི་མན་ངག་ལས་ཤེས་དགོས། དགའ་ལྡན་ལྷའི་རྣལ་འབྱོར་འདི་ཉམས་སུ་ལེན་པ་ལ་མདོ་ལུགས་དང་སྔགས་ལུགས་གཉིས་ཡོད། དེ་གཉིས་ཀྱི་ཁྱད་པར་ནི་ཚོགས་ཞིང་གི་གཙོ་བོའི་དམ་ཚིག་པ་གསལ་འདེབས་ལུགས་མི་འདྲ་བ་ཡིན། སྔགས་ལུགས་ལྟར་ན་ཚོགས་ཞིང་གི་གཙོ་བོ་རྗེ་ཙོང་ཁ་པའི་ཐུགས་ཀར་སྟོན་པ་ཐུབ་པའི་དབང་པོ། དེའི་ཐུགས་ཀར་ཧེ་རུ་ཀ་ཡུམ་དང་བཅས་པ་གསལ་འདེབས་དགོས། འདི་ལ་བླ་མ་བློ་བཟང་ཐུབ་དབང་ཧེ་རུ་ཀ་ཟེར་བ་ཡིན། རྒྱུ་མཚན་ནི་འདི་ནི་རང་གི་བླ་མ་ཡང་ཡིན། བློ་བཟང་གྲགས་པ་ཡང་ཡིན། སྟོན་པ་ཐུབ་པའི་དབང་པོ་ཡང་ཡིན། ཧེ་རུ་ཀ་ཡང་ཡིན་པས་སོ། འདི་ནི་རྒྱུ་མཚན་ཡང་དག་ཡིན་ཏེ་སྟོན་པ་ཐུབ་པའི་དབང་པོ་ནི་རྣམ་པ་མི་འདྲ་བ་ཙམ་ལས་དོན་ལ་རྒྱལ་བ་རྡོ་རྗེ་འཆང་ཧེ་རུ་ཀ་དེ་ཉིད་རང་ཡིན། རྗེ་བློ་བཟང་གྲགས་པ་ནི་རྣམ་པ་མི་

འདྲ་ཙམ་ལས་དོན་ལ་སྟོན་པ་ཐུབ་པའི་དབང་པོ་དེ་ཉིད་རང་ཡིན། རང་ཅག་གི་བླ་མ་ཁྲི་བྱང་རྡོ་རྗེ་འཆང་ནི་རྣམ་པ་མི་འདྲ་བ་ཙམ་ལས་དོན་ལ་བློ་བཟང་གྲགས་པ་དེ་ཉིད་རང་ཡིན་པས་སོ། །བླ་མ་དེ་རྣམས་ནི་གང་ཟག་གཅིག་རྣམ་པ་མི་འདྲ་བ་སྣང་བ་ཙམ་ཡིན། དཔེར་ན་འཆམ་དཔོན་གཅིག་ཉིད་གོས་མི་འདྲ་བ་གྱོན་ནས་རྣམ་པ་མི་འདྲ་བ་བསྟན་ཏེ་འཆམ་འཁྲབ་པ་བཞིན་ཡིན། ང་ཚོས་རང་གི་བླ་མ་དངོས་འཛིན་དེ་ལྟར་དུ་བྱས་ནས་དགའ་ལྡན་ལྷའི་རྣལ་འབྱོར་ཉམས་སུ་བླངས་ན་བྱིན་བརླབ་འཇུག་པ་ཤིན་ཏུ་མྱུར་བའི་ཕན་ཐོགས་མཐོང་ཆོས་ལ་ཡོད་པ་ཡིན། དེ་ལྟར་ཚོགས་ཞིང་གི་གཙོ་བོའི་དམ་ཚིག་པ་གསལ་འདེབས་ལུགས་མི་འདྲ་བ་ཙམ་ལས་ཉམས་ལེན་གཞན་ཐམས་ཅད་ཡེ་ཤེས་པ་སྤྱན་འདྲེན་པ་ནས་བསྔོ་བའི་བར་མི་འདྲ་བ་མེད། དགའ་ལྡན་ལྷའི་རྣལ་འབྱོར་འདི་ཕྱག་ཆེན་ཉམས་ལེན་གྱི་སྔོན་འགྲོ་བླ་མའི་རྣལ་འབྱོར་དུ་ཉམས་སུ་བླངས་ན་བྱིན་བརླབ་ཀྱི་ནུས་པ་གཞན་ལས་ཆེ་བ་དང་། ལག་ཏུ་ལེན་བདེ་ཞིང་ཕྱག་ཆེན་ཉམས་

ལེན་གྱི་ཐུན་ཐམས་ཅད་དགའ་ལྷའི་རྣལ་འབྱོར་དང་འདྲེས་ནས་བྱས་ཆོག་པ་ཡིན། འོ་ན་ཕྱག་ཆེན་ཉམས་ལེན་དང་དེའི་སྔོན་འགྲོ་འཁྲིད་ཆེན་བཞི་ལ་འབྲེལ་བ་ཇི་ཡོད་ཅེ་ན། ཕྱག་ཆེན་གྱི་ཉམས་ལེན་ནི་འཁོར་ལོ་བཞི་ལྡན་གྱི་ཤིང་རྟ་ལྟ་བུ་ཡིན། དེ་ལ་བརྟེན་ནས་ང་ཚོ་ཟུང་འཇུག་སངས་རྒྱས་ཀྱི་སར་མྱུར་དུ་བགྲོད་ཐུབ་པ་ཡིན། སྔོན་འགྲོ་བཞི་ནི་ཤིང་རྟའི་འཁོར་ལོ་བཞི་ལྟ་བུ་ཡིན། འཁོར་ལོ་བཞི་ནས་གཅིག་མ་ཚང་ན་ཤིང་རྟའི་བྱ་བ་བྱེད་མི་ཐུབ་པ་བཞིན་དུ་སྔོན་འགྲོ་བཞི་ནས་གཅིག་མ་ཚང་ན་ཕྱག་ཆེན་གྱི་ཉམས་ལེན་གྱིས་ང་ཚོ་སངས་རྒྱས་ཀྱི་སར་བགྲོད་མི་ཐུབ་པ་ཡིན། དེས་ན་ང་ཚོས་ཕྱག་ཆེན་གྱི་ཉམས་ལེན་ལ་བརྟེན་ནས་འཁོར་བའི་སྡུག་བསྔལ་ལས་གཏན་དུ་ཐར་བ་དང་། མཐར་ཐུག་གི་བདེ་བ་ཉམས་སུ་མྱོང་འདོད་ན་སྔོན་འགྲོ་འཁྲིད་ཆེན་བཞིའི་ཉམས་ལེན་ལ་འབད་བརྩོན་ཆེན་པོ་བྱེད་པ་ཤིན་ཏུ་གལ་ཆེ་བ་ཡིན། སྔོན་འགྲོའི་ཉམས་ལེན་རྣམས་ནི་གཙོ་བོར་ཚོགས་གསོག་པ་དང་སྒྲིབ་པ་སྦྱོང་བ་དང་བྱིན་བརླབ་འཇུག་པའི་

ཆེད་དུ་བྱེད་པ་ཡིན་པས་ཉིན་རེ་བཞིན་དུ་འགྲོ་འདུག་སྤྱོད་ལམ་ཐམས་ཅད་ཀྱི་སྐབས་སུ་བྱེད་དགོས་པ་ཡིན། ཕྱག་ཆེན་གྱི་ཉམས་ལེན་དངོས་གཞི་ནི་གཙོ་བོར་ཐུན་བསྐྱངས་ནས་བྱེད་པ་ཡིན། ཡོངས་གྲགས་ལ་སྔོན་འགྲོ་འཁྲིད་ཆེན་བཞི་ཞེས་སྐྱབས་འགྲོའི་ཉམས་ལེན་གྱི་སྐབས་སུ་སྐྱབས་འགྲོ་འབུམ་ཐེར་གྱི་གྲངས་གསོག་པ་དང་། མཎྜལ་འབུལ་བའི་ཉམས་ལེན་གྱི་སྐབས་སུ་མཎྜལ་འབུམ་ཐེར། རྡོར་སེམས་བསྒོམ་བཟླས་ཀྱི་སྐབས་སུ་ཡིག་བརྒྱ་འབུམ་ཐེར། བླ་མའི་རྣལ་འབྱོར་གྱི་སྐབས་སུ་དམིགས་བརྩེ་མའི་གསོལ་འདེབས་འབུམ་ཐེར་བཅས་ཀྱི་གྲངས་གསོག་པ་ཡིན། དེ་ལྟ་བུའི་འབུམ་ཐེར་བཞིའི་གྲངས་ཟིན་པ་ན། ངས་སྔོན་འགྲོ་འཁྲིད་ཆེན་བཞི་ཚར་བ་ཡིན་ཞེས་བརྗོད་ཀྱི་ཡོད་ཀྱང་དོན་ལ་མུ་འཐུད་ནས་སྔོན་འགྲོའི་ཉམས་ལེན་ཕྱག་ཆེན་གྱི་རྟོགས་པ་ངོ་མ་དོན་གྱི་འོད་གསལ་མ་འཐོབ་བར་དུ་བྱེད་དགོས་པ་ཡིན། དོན་གྱི་འོད་གསལ་ཐོབ་པ་ནས་བཟུང་ཚོགས་གསོག་པ་དང་། སྒྲིབ་པ་སྦྱོང་བ་དང་། བྱིན་བརླབ

འཇུག་པའི་ཚེད་དུ་ཉམས་ལེན་གཞན་བྱེད་མ་དགོས་པ་དོན་གྱི་འོད་གསལ་དེ་ཉིད་རང་རྒྱུན་བསྐྱངས་ནས་བསྒོམས་པས་ཟླ་བ་དྲུག་ལས་མ་འགྱངས་པར་ཟུང་འཇུག་སངས་རྒྱས་ཀྱི་གོ་འཕང་ཐོབ་ངེས་པ་ཡིན། སྙན་བརྒྱུད་ཀྱི་མན་ངག་དགའ་ལྡན་ལྷ་བརྒྱ་མ་སྦྲགས་ལུགས་ལྟར་ཉམས་སུ་ལེན་ཚུལ་ནི་ཐོག་མར་མདུན་གྱི་ནམ་མཁར་རྩ་བའི་བླ་མ་བླ་མ་བློ་བཟང་ཐུབ་དབང་ཧེ་རུ་ཀ་ལ་ཕྱོགས་བཅུའི་སངས་རྒྱས་ཀྱིས་བསྐོར་བ་མངོན་སུམ་དུ་བཞུགས་པར་གྱུར། ཞེས་དོན་ཡིད་ལ་བསམས་བཞིན་དུ་བརྗོད་དེ་སྐབས་ཡུལ་དང་ཚོགས་ཞིང་གི་དམ་ཚིག་པ་རྣམས་མོས་སྟོབས་ཀྱིས་བསྐྱེད་དེ་ཡུད་ཙམ་སྒོམས། དེ་ནས་བླ་མ་བློ་བཟང་ཐུབ་དབང་ཧེ་རུ་ཀ་ཞེས་འབོད་དེ། བདག་དང་མཁའ་ཁྱབ་མ་འགྱུར་སེམས་ཅན་རྣམས། །དེང་ནས་ཇི་སྲིད་བྱང་ཆུབ་མ་ཐོབ་བར། །བླ་མ་དཀོན་མཆོག་གསུམ་ལ་སྐྱབས་སུ་འགྲོ། །ཞེས་ལན་གསུམ་བརྗོད་དེ་ཇི་ལྟར་བརྗོད་པ་ལྟར་གྱི་དོན་དམ་བཅའ་ཞིང་ཁས་བླངས་ཏེ་ཐེག་པ་ཆེན་པོའི་སྐྱབས་འགྲོའི་སྡོམ་པ་ལེན་པར་

བྱའོ། །དེ་ནས་མ་སེམས་ཅན་ཀུན་གྱི་དོན་གྱི་ཕྱིར། །བདག་ཉིད་བླ་མ་ལྷར་གྱུར་ནས། །སེམས་ཅན་ཐམས་ཅད་བླ་མ་ལྷའི། །གོ་འཕང་མཆོག་ལ་འགོད་པར་བྱ། །ཞེས་དོན་ཡིད་ལ་བསམས་བཞིན་དུ་ལན་གསུམ་བརྗོད་དེ། སྔགས་ལུགས་ཀྱི་བྱང་ཆུབ་ཀྱི་སེམས་བསྐྱེད། དེ་ནས་དགའ་ལྡན་ལྷ་བརྒྱའི་མགོན་གྱི་ཐུགས་ཀ་ནས། ཞེས་སོགས་ཚིག་བཅད་གཅིག་བརྗོད་དེ་ཡེ་ཤེས་པ་རྣམས་དམ་ཚིག་པ་རྣམས་ལ་ཐིམ་པས་གཉིས་སུ་མེད་པར་གྱུར་སྙམ་དུ་བསམས། དེ་ནས་མདུན་གྱི་ནམ་མཁར་ཞེས་པ་ནས་བསྡུ་བའི་བར་དུ་དོན་ཡིད་ལ་བསམས་བཞིན་དུ་བཏོན་ཏེ་མཎྜལ་རྒྱས་བསྡུས་གང་རུང་འབུལ། གསོལ་འདེབས་སྔགས་ལུགས་ཀྱི་དམིགས་བརྩེ་མ་ལྷ་བསྐོར་ལན་བདུན་ནམ། ཉེར་གཅིག་སོགས་འདོན། དེ་ནས་བྱང་ཆུབ་ལམ་གྱི་རིམ་པའི་ཉམས་ལེན་ཡོངས་རྫོགས་མདོར་བསྡུས་ཀྱིས་བསྒོམ་པའི་ཚེད་དུ་ཡོན་ཏན་གཞིར་གྱུར་མ་དལ་པོས་བཏོན་ཏེ་བྱིན་གྱིས་རློབས་ཞེས་ངག་ནས་བརྗོད་པ་ཙམ་མ་ཡིན་པར་ལམ་རེ་རེའི་དོན་ལ་དམིགས་པ་

གཏད་དེ་ཡུད་ཙམ་རེ་སྒོམས། དེ་ལྟར་ཉིན་རེ་བཞིན་ཐུན་གཉིས་སམ་གསུམ། བཞི་ལ་སོགས་པ་རྒྱུན་མ་ཆད་པར་བྱས་ན་གོམས་པའི་སྟོབས་ཀྱིས་ལམ་རིམ་ཡོངས་རྫོགས་ཀྱི་རྟོགས་པ་མི་རིང་བར་སྐྱེ་བ་ཡིན། འདི་ནི་གལ་ཆེ་བའི་བསླབ་བྱ་ཡིན་པས་སྙིང་གི་དཀྱིལ་དུ་ཉར་དགོས། ཡང་ན་ལམ་རིམ། བློ་སྦྱོང་། བསྐྱེད་རིམ་དང་རྫོགས་རིམ་བཅས་ཀྱི་ཉམས་ལེན་ལ་གོམས་པའི་ཆེད་དུ་གསོལ་འདེབས་རིག་ཀུན་མ་བཏོན་ཏེ་ཉམས་སུ་ལེན་ཚུལ་གོང་བཞིན་བྱ། དེ་ནས། དཔལ་ལྡན་རྩ་བའི་བླ་མ་རིན་པོ་ཆེ། །བདག་གི་སྙིང་གའི་པད་ཟླའི་སྟེང་བཞུགས་ལ། །བཀའ་དྲིན་ཆེན་པོའི་སྒོ་ནས་རྗེས་བཟུང་སྟེ། །སྐུ་གསུང་ཐུགས་ཀྱི་དངོས་གྲུབ་སྩུལ་དུ་གསོལ། །ཞེས་བརྗོད་དེ་གསོལ་བ་བཏབ་པས་མདུན་གྱི་ནམ་མཁར་བཞུགས་པའི་ཕྱོགས་བཅུའི་སངས་རྒྱས་ཐམས་ཅད་འོད་དུ་བཞུ་ནས་རྗེ་བློ་བཟང་གྲགས་པ་ལ་འཐིམས། དེ་ཉིད་འོད་དུ་བཞུ་ནས་དེའི་ཐུགས་ཀའི་ཐུབ་པའི་དབང་པོ་ལ་ཐིམ། ཐུབ་པའི་དབང་པོ་ཡང་འོད་དུ་བཞུ་

ནས་དེའི་ཐུགས་ཀའི་ཧེ་རུ་ཀ་ལ་ཐིམ། བླ་མ་ཧེ་རུ་ཀ་དགྱེས་བཞིན་དུ་རང་གི་སྤྱི་བོར་བྱོན་ཏེ་སྤྱི་བོའི་རྩ་འཁོར་གྱི་དབུས་སུ་བཞུགས་པའི་སྐུ་ལས་འོད་ཟེར་འཕྲོས་པས་སྤྱི་བོའི་རྩ་དང་ཐིག་ལེ་རླུང་རྣམས་བྱིན་གྱིས་བརླབས། དེ་ནས་སླར་ཡང་དཔལ་ལྡན་རྩ་བའི་ཞེས་པ་ནས་མཆོག་དང་ཐུན་མོང་དངོས་གྲུབ་སྩོལ་དུ་གསོལ། །ཞེས་བརྗོད་དེ་གསོལ་བ་བཏབས་པས་བླ་མ་ཧེ་རུ་ཀ་མགྲིན་པར་བྱོན་ཏེ་མགྲིན་པའི་རྩ་འཁོར་གྱི་དབུས་སུ་བཞུགས་པའི་སྐུ་ལས་འོད་ཟེར་འཕྲོས་པས་མགྲིན་པའི་རྩ་དང་ཐིག་ལེ་རླུང་རྣམས་བྱིན་གྱིས་བརླབས། དེ་ནས་སླར་ཡང་དཔལ་ལྡན་རྩ་བའི་ཞེས་པ་ནས་བྱང་ཆུབ་སྙིང་པོའི་བར་དུ་བརྟན་པར་བཞུགས། །ཞེས་བརྗོད་དེ་གསོལ་བ་བཏབས་པས་བླ་མ་ཧེ་རུ་ཀ་སྙིང་ཁར་བྱོན་ཏེ་སྙིང་ཁར་རྩ་དབུ་མའི་ནང་དུ་བཞུགས་པའི་སྐུ་ལས་འོད་ཟེར་འཕྲོས་པས་སྙིང་ཁའི་རྩ་དང་ཐིག་ལེ་རླུང་རྣམས་བྱིན་གྱིས་བརླབས། དེར་ཧེ་རུ་ཀའི་ཐུགས་འོད་གསལ་བདེ་བ་ཆེན་པོ་རང་གི་སེམས་དང་དབྱེར་མེད་དུ་འདྲེས་པའི

སྟོབས་ཀྱིས་རང་སེམས་ཧེ་རུ་ཀའི་ཐུགས་འོད་གསལ་བདེ་བ་ཆེན་པོའི་ངོ་བོར་གྱུར་བ་བྱིན་གྱིས་བརླབས་སོང་སྙམ་པའི་མོས་པ་སྟོབས་ཆེན་བསྐྱེད་དེ་དེ་ཉིད་མ་བརྗོད་པར་རྩེ་གཅིག་ཏུ་འཛིན་ཏེ་ཡུད་ཙམ་སྒོམས། རང་སེམས་ཧེ་རུ་ཀའི་ཐུགས་འོད་གསལ་བདེ་བ་ཆེན་པོ་མོས་སྟོབས་ཀྱིས་གྲུབ་པ་འདི་ཟབ་ལམ་སྔོན་འགྲོ་ཉམས་སུ་བླངས་པའི་གྲུབ་དོན་ཡིན་ཞིང་རྡོ་རྗེ་ཐེག་པའི་ལམ་གྱི་འཇུག་སྒོ་ཡང་ཡིན། འདི་ནས་བཟུང་སྟེ་རང་གི་སེམས་འདི་ཧེ་རུ་ཀའི་ཐུགས་བདེ་བ་ཆེན་པོ་དངོས་རང་ཡིན་སྙམ་པའི་དྲན་ཤེས་རྒྱུན་དུ་བསྟེན་པ་ཤིན་ཏུ་གལ་ཆེ། གསང་སྔགས་ཀྱི་རྫོགས་པ་མོས་སྟོབས་ཀྱིས་གྲུབ་པ་གོང་དུ་བཤད་པ་ལྟར་འདི་ལ་གལ་ཆུང་བྱེད་མི་རིགས། དེ་ནས་ཕྱག་ཆེན་གྱི་དངོས་གཞིའི་ཉམས་ལེན་ལ་འཇུག་པར་བྱའོ། །དེ་ཇི་ལྟར་ཉམས་སུ་ལེན་ཚུལ་ནི་རྩ་བ་རྒྱལ་བའི་གཞུང་ལམ་ལས་དངོས་གཞི་ཕྱག་རྒྱ་ཆེན་པོ་ལ། ཞེས་པ་ནས། རྒྱུན་ལྡན་བླ་མའི་གསུང་བཞིན་བརྗོད། །ཞེས་གསུངས། གཞུང་འདིའི་དོན་ནི་ཕྱག་རྒྱ་ཆེན་པོ་དངོས་དེ་ལ་

ཆ་གཉིས་ཡོད་ཅིང༌། ཕྱི་མ་ནི་སྔགས་ནས་བཤད་པའི་བདེ་བ་ཆེན་པོ་དང༌། དང་པོ་ནི་མདོ་ནས་བཤད་པའི་སྟོང་པ་ཉིད་ཡིན། འདི་འདྲའི་བདེ་བ་དང་སྟོང་ཉིད་ཟུང་དུ་འཇུག་པ་ནི་ཕྱག་རྒྱ་ཆེན་པོ་དངོས་ཡིན། ཟུང་དུ་འཇུག་པའི་དོན་ནི་བདེ་བ་དང་སྟོང་ཉིད་གཉིས། གཉིས་མེད་པར་གཅིག་ཁོ་ན་ཡིན་པ་མངོན་སུམ་དུ་འཆར་བའི་དོན་ཡིན། འདི་ནི་ཤིན་ཏུ་ཟབ་ཅིང་ཕྲ་བས་མྱོང་ཐོག་ནས་ཤེས་མཁན་ཤིན་ཏུ་དཀོན་པ་ཡིན། ཕྱི་མ་བདེ་བ་ཆེན་པོ་དེ་ནི་རྫོགས་རིམ་གྱི་ཉམས་ལེན་རྡོ་རྗེའི་ལུས་ལ་གནད་དུ་བསྣུན་པ་སོགས་ཐབས་མཁས་ཀྱིས་ཉམས་ལེན་ལ་བརྟེན་ནས་གྲུབ་དགོས་ཤིང༌། སྔ་མ་སྟོང་པ་ཉིད་ནི། ཤེར་ཕྱིན་གྱི་མདོ་ནས་བཤད་པའི་མན་ངག་ལ་བརྟེན་ནས་ཤེས་དགོས་པ་ཡིན། ཕྱི་མ་བདེ་བ་ཆེན་པོ་ནི། ས་ར་ཧ་དང༌། ཀླུ་སྒྲུབ། ན་རོ་པ། མངའ་བདག་མཻ་ཏྲི་པ་སོགས་ཀྱི་ཐུགས་དམ་གྱི་མཐིལ་ཡིན་ཞིང༌། གསང་སྔགས་བླ་མེད་ཀྱི་རྒྱུད་ཀྱི་སྙིང་པོའི་ཡང་སྙིང་པོ་ཡིན། ཡང་རྗེ་བ་ལས། ལྷན་ཅིག་སྐྱེས་སྦྱོར་གཙུམ་ཞེས་པ་ནས། སྤྱོད་ན་

དགོངས་པ་གཅིག་ཏུ་འབབས་ཞེས་གསུངས། དེའི་དོན་ནི་སྔོན་གྱི་མཁས་པ་རྣམས་ལ་ལྷན་ཅིག་སྐྱེས་སྦྱོར་ལ་སོགས་པའི་སྟོང་ཉིད་ཀྱི་ཉམས་ལེན་མིང་འདོགས་མི་འདྲ་བ་མང་པོ་ཞིག་བྱུང་ནའང་མཁས་པ་འདི་དག་གིས་བཤད་པ་ཐམས་ཅད་ཀྱི་དམིགས་ཡུལ་ནི་སྟོང་ཉིད་རྟོགས་པའི་ཆེད་དུ་སྟེ། དམིགས་ཡུལ་གཅིག་ཡིན་ཞེས་པའི་དོན་ཡིན་ལ། འོན་ཀྱང་བཤད་ལུགས་མི་འདྲ་བ་མང་བས་མགོ་འཐོམ་རྒྱུ་མང་པོ་ཞིག་ཀྱང་བྱུང་བ་ཡིན། བཤད་ལུགས་ཐམས་ཅད་ཀྱི་མཆོག་ཏུ་གྱུར་བ་ནི་སྟོང་པ་ཉིད་ཀྱི་དོན་ཀླུ་སྒྲུབ་ཡབ་སྲས་ཀྱིས་གཏན་ལ་ཕབས་ཤིང་། འཇམ་མགོན་བླ་མས་གསལ་བར་བྱས་པ་འདི་ཡིན་པས་ང་ཚོ་དགེ་ལྡན་པ་རྣམས་དགའ་བ་བསྒོམ་དགོས་པ་ཡིན། དེས་ན། ཕྱག་ཆེན་གྱི་དངོས་གཞི་ཉམས་ལེན་ལ་རིམ་པ་ལྔ་ཡོད། དང་པོ་སེམས་ངོ་འཕྲོད་ནས་ཞི་གནས་བསྒོམ་པ་དང་། གཉིས་པ་སྟོང་ཉིད་རྟོགས་ནས་ལྷག་མཐོང་བསྒོམ་པ། གསུམ་པ་རྩ་ཡི་རྣལ་འབྱོར་རྩ་དབུ་མ་བསྒོམ་པ། བཞི་པ་ཐིག་ལེའི་རྣལ་འབྱོར་མི་ཞིག་

པའི་ཐིག་ལེ་བསྒོམ་པ། ལྔ་པ་རླུང་གི་རྣལ་འབྱོར་མི་ཞིག་པའི་རླུང་བསྒོམ་པ་བཅས་ཡིན། དང་པོ་སེམས་ངོ་འཕྲོད་ནས་ཞི་གནས་བསྒོམ་པ་ལ་གཉིས། སེམས་ངོ་འཕྲོད་པའི་རིམ་པ་དང་། ཞི་གནས་བསྒོམ་པ་དངོས་སོ། །དང་པོ་ནི། མདོ་ལས། སེམས་རྟོགས་ན་སངས་རྒྱས་ཡིན་པས་སངས་རྒྱས་གཞན་དུ་མི་འཚོལ། ཞེས་གསུངས། དེའི་དོན་ནི་གསང་སྔགས་ཀྱི་གཞུང་ལས་ཤེས་དགོས། དེས་ན་སེམས་ངོ་འཕྲོད་པ་འདི་ལ་རིམ་པ་གསུམ་ཡོད་དེ། དང་པོ་ནི་སེམས་རགས་པ་ངོ་འཕྲོད་པ་དེ་ཡིན། གཉིས་པ་ནི་སེམས་ཕྲ་བ་ངོ་འཕྲོད་པ་དེ་ཡིན། གསུམ་པ་ནི་ཤིན་ཏུ་ཕྲ་བའི་སེམས་ངོ་འཕྲོད་པ་དེ་ཡིན། ད་ལྟ་གཉིད་མ་ལོག་པའི་སྐབས་ཀྱི་ཕྱི་རོལ་གྱི་ཡུལ་སྣ་ཚོགས་མཐོང་བའི་སེམས་ནི་སེམས་རགས་པ་ཡིན། འདི་ངོ་འཕྲོད་པའམ་ཤེས་པ་ནི་དཀའ་བ་མ་ཡིན། རྨི་ལམ་གྱི་སྐབས་ཀྱི་རྨི་ལམ་གྱི་ཡུལ་སྣ་ཚོགས་པ་མཐོང་བའི་སེམས་ནི་སེམས་ཕྲ་བ་ཡིན། འདི་ངོ་འཕྲོད་པའམ་ཤེས་པ་ནི་དཀའ་བ་ཡིན། རླུང་དབུ་མར་ཐིམ་

པའི་སྟོབས་ཀྱིས་སེམས་རགས་པ་དང་ཕྲ་བ་ཐམས་ཅད་འགགས་པའི་ཚེ་འོད་གསལ་ཟེར་བའི་སེམས་ཤིག་མངོན་དུ་གྱུར་བ་དེ་ནི་ཤིན་ཏུ་ཕྲ་བའི་སེམས་ཡིན། སེམས་འདི་ནི་ངོ་འཕྲོད་པའམ་ཤེས་པ་ཤིན་ཏུ་དཀའ་བ་ཡིན། དེ་འདྲའི་ཤིན་ཏུ་ཕྲ་བའི་སེམས་དེ་མངོན་སུམ་དུ་ངོ་འཕྲོད་པའམ་མངོན་སུམ་དུ་རྟོགས་ན་སངས་རྒྱས་པ་དང་ཁྱད་པར་མེད་པ་ལྟ་བུ་ཡིན། འདི་ནི་གོང་གི་མདོ་ཡི་དོན་ཡང་ཡིན། སྤྱིར་བཏང་སེམས་ཀྱི་དོན་ནམ་མཚན་ཉིད་ནི་གསལ་ཞིང་རིག་པ་ཡིན་པ་ལ་བྱས་ཆོག གསལ་བ་ནི་སེམས་ཀྱི་ངོ་བོ་དང་། རིག་པ་ནི་བྱེད་ལས་ཡིན། འོན་གསལ་བའི་དོན་གང་ཡིན་ཞེ་ན། ལན་གནང་རྒྱུ་ཡོད་དམ། ཕྲན་ལ་ནི་ལན་གསལ་བོ་གནང་མཁན་ཞིག་རྙེད་མ་བྱུང་། གྲྭ་སར་སྡོད་སྐབས་དཔེ་ཆའི་ནང་ནས་ཀྱང་ཤེས་པ་བློ་ཡིད་འཚེམས་པ་ཞིག་མ་བྱུང་། རྗེས་སུ་རི་ཁྲོད་དུ་སྡོད་སྐབས་ཕྱག་ཆེན་གྱི་གཞུང་འགྲེལ་རྣམས་ལས་གསལ་བོ་ཤེས་པས་ཕྱག་ཆེན་འདི་ནི་སྙན་བརྒྱུད་རང་རེད་སྙམས་དུ་དགའ་ཚོར་སྐྱེ་བ་ཞིག་བྱུང་། ད་ནི་

ཕྲན་ལ་གསལ་བའི་དོན་གསལ་པོ་ཞུ་རྒྱུའི་སྤྲོབས་པ་ཡོད། སྟོང་སང་ནམ་མཁའ་ལྟ་བུའི་དངོས་པོ་གཟུགས་ཅན་གང་དུ་ཡང་གྱུར་མི་སྲིད་ཅིང་། ཡུལ་འཆར་བའི་གཞི་རྟེན་བྱེད་པ་དེ་གསལ་བའི་དོན་ནམ་མཚན་ཉིད་ཡིན། དཔེར་ན་ནམ་མཁའ་ལྟ་བུ་སྟོང་པའི་རང་བཞིན་ཡིན་ཙང་སྟོང་སང་ནམ་མཁའ་ལྟ་བུ་ཡིན་ཀྱང་གཟུགས་ཅན་གང་དུ་ཡང་གྱུར་མི་སྲིད་པ་མ་རེད། ནམ་མཁའ་གཟུགས་དང་ལྡན་ཞིང་དབྱིབས་དང་ཁ་དོག་དང་ལྡན་ཏེ་ཉིན་མོའི་དུས་སུ་སྣང་བ་དང་། མཚན་མོའི་དུས་སུ་མུན་པར་གྱུར་བའི་ཕྱིར། ནམ་མཁའ་ནི་གསལ་བ་མ་ཡིན། སྟོང་ཉིད་ལྟ་བུ་གཟུགས་ཅན་གང་དུའང་གྱུར་མི་སྲིད་པ་དང་། སྟོང་སང་ནམ་མཁའ་ལྟ་བུ་ཡིན་ཀྱང་ཡུལ་འཆར་བའི་གཞི་རྟེན་མི་བྱེད་པས་གསལ་བ་མ་ཡིན། གང་ཟག་གཟུགས་ཁམས་པ་རྣམས་ནི་གཟུགས་ཅན་ཡིན། གཟུགས་མེད་ཁམས་པ་རྣམས་ནི་ད་ལྟ་གཟུགས་ཅན་མ་ཡིན་ཡང་མ་འོངས་པར་གཟུགས་ཅན་དུ་འགྱུར་ངེས་པ་ཡིན། སེམས་ནི་ནམ་ཡང་གཟུགས་ཅན་དུ་འགྱུར་མི་སྲིད། དེས་ན་

གསལ་བ་ནི་སེམས་ཁོ་ན་ཡིན། སེམས་ཀྱི་ངོ་བོ་ཡང་ཡིན། སེམས་ཀྱི་ཀུན་རྫོབ་པའི་ངོ་བོ་ནི་གསལ་བ་ལས་གཞན་དུ་མེད། དེ་ལྟར་ཤེས་ནས་རང་རེས་རང་གི་སེམས་ངོས་འཛིན་པའི་ཚེ། དེ་ཉིད་སྟོང་སང་ནམ་མཁའ་ལྟ་བུའི་དངོས་པོ་གཟུགས་ཅན་གང་དུའང་འགྱུར་མི་སྲིད་ཅིང་ཡུལ་འཆར་བའི་གཞི་རྟེན་བྱེད་པ་ཞིག་ཏུ་གསལ་པོར་ཤེས་ན། རང་གི་སེམས་ངོས་ཟིན་པའམ་ངོ་འཕྲོད་པ་ཡིན། དེའི་ཚེ་སེམས་ལ་དམིགས་པའི་གཞི་གནས་ཀྱི་དམིགས་རྟེན་རྙེད་པ་ཡིན། ཕྱག་ཆེན་འདིར་སེམས་ལ་དམིགས་པའི་གཞི་གནས་འགྲུབ་དགོས་པས་དེ་ལ་གོང་གི་སེམས་ངོ་སྤྲོད་ཀྱི་གདམས་ངག་ལ་བརྟེན་ནས་སེམས་ངོ་འཕྲོད་པའམ་རང་སེམས་ངོས་ཟིན་པ་ཤིན་ཏུ་གལ་ཆེ། ང་ཚོས་རྣམ་འགྲེལ་ནས་བཤད་པའི་སྐྱེ་བ་སྔ་ཕྱི་འགྲུབ་པའི་རིགས་པ་རྒྱུད་རྒྱུད་ལ་བརྟེན་ནས་སྐྱེ་བ་སྔ་ཕྱི་རྟོགས་པའི་རེ་བ་བརྒྱབ་ཀྱི་ཡོད་ཀྱང་དེ་ཁག་པོ་རེད་འདུག དེང་སང་གི་མཚན་རིག་པས་ཟེར་བ་ལྟར་བྱིས་པ་སྐྱེས་མ་ཐག་པའི་རིག་པ་དེ་ཁོ་རང་གི་ཕ་མའི་སེམས་ནས་བྱུང་ཟེར་

ན་རྣམ་འགྲེལ་གྱི་རིག་པ་འདི་ཆུ་ཡི་འབུ་བ་ལྟ་བུ་འགྱུར་སྲིད། འོན་ཀྱང་སྔགས་ནས་བཤད་པའི་ཤིན་ཏུ་ཕྲ་བའི་སེམས་མངོན་འགྱུར་པ་སྐྱེ་བའི་རིམ་པ་དང་ལྡོག་པའི་རིམ་པ་དེ་ང་ཚོས་ཤེས་ན་སྐྱེ་བ་སྔ་ཕྱི་ཡོད་པ་གསལ་པོར་ཤེས་ངེས་པས་སྐྱེ་བ་སྔ་ཕྱི་འགྲུབ་པའི་རིག་པ་ངོ་མ་ནི་གསང་སྔགས་ཀྱི་གཞུང་ནས་ཤེས་དགོས། དེ་ལྟར་སེམས་ངོ་སྤྲོད་པའི་རིམ་པ་མདོར་བསྡུས་བཤད་ཟིན་པས། ད་ནི་ཞི་གནས་བསྒོམ་པ་དངོས་དེ་ཡིན། རྩ་བ་ལས། རིག་ཅིང་གསལ་བའི་ངོ་བོ་ལ།། ཞེས་པ་ནས། སེམས་ཀྱི་འཛོག་ས་དེ་ན་གདའ། །ཞེས་གསུངས། ཚིག་རྐང་དང་པོས་ཞི་གནས་ཀྱི་དམིགས་རྟེན་ངོས་བཟུང་ནས་ལྷག་མས་ཞི་གནས་བསྒོམ་ཚུལ་མདོར་བསྡུས་ཤིག་བཤད་པ་རེད། ཕྱག་ཆེན་གྱི་སྐབས་འདིར་ཞི་གནས་བསྒོམས་པའི་དམིགས་རྟེན་སེམས་ལ་བྱེད་པ་འདི་ལ་དགོས་པ་ཁྱད་པར་ཅན་མང་པོ་ཡོད། འོན་ཀྱང་དོགས་སེལ་འདི་ལྟར་བྱེད་དགོས་ཏེ། དམིགས་རྟེན་སེམས་ཡིན་ན་དམིགས་བྱེད་ཀྱང་སེམས་ཡིན་པས་རང་གི་རང་རིག་པས་

རང་རིག་ཡོད་ཅིང་། དེ་ལྟར་ན་དབུ་མ་ཐལ་འགྱུར་བའི་ལྟ་བ་དང་འགལ་ལོ་ཞེ་ན་དེ་ལ་ལན་ནི་དམིགས་རྟེན་གྱི་སེམས་དང་དམིགས་བྱེད་ཀྱི་སེམས་གཉིས་གཅིག་མིན་པས་སྐྱོན་འདི་མི་འཇུག དམིགས་རྟེན་གྱི་སེམས་ནི་རང་སེམས་ཡིད་ཀྱི་རྣམ་ཤེས་ཕྲ་མོ་ལ་བྱེད་དགོས་ཤིང་དེ་ལའང་དགོས་པ་ཆེན་པོ་ཡོད། དམིགས་བྱེད་ཀྱི་སེམས་ནི་རང་གི་སེམས་རགས་པ་འདི་ཡིན་པས་སེམས་རགས་པས་སེམས་ཕྲ་མོ་བསྒོམ་པ་ཡིན། འོ་ན་ཞི་གནས་བསྒོམ་ཚུལ་དངོས་ཇི་ལྟར་ཡིན་ཞེ་ན། རྩ་བ་ལས། བསམ་ཏན་བདེ་བའི་སྟེགས་བུ་ལ།། ཞེས་པ་ནས། གཡོ་མེད་ཙུང་ཟད་མཉམ་པར་བཞག །ཞེས་གསུངས་པ་ལྟར། ཐུན་གྱི་སྐབས་སུ་བླ་མའི་རྣལ་འབྱོར་དང་འབྲེལ་ནས་ཞི་གནས་བསྒོམ་དགོས། དེ་ཡང་དགའ་ལྡ་ལྷ་བུའམ། བླ་མ་མཆོད་པ་ལྟ་བུ་སྐྱབས་འགྲོ་ནས་བླ་མ་རང་ལ་ཐིམ་པའི་བར་དུ་བྱས་ནས་ཐོག་མར་ཞི་གནས་ཀྱི་དམིགས་རྟེན་རྙེད་དགོས་པ་ཡིན། བླ་མ་ཧེ་རུ་ཀ་རང་གི་སྙིང་ཁར་རྩ་དབུ་མའི་ནང་དུ་བཞུགས་པའི་ཐུགས་བདེ་བ་ཆེན་པོ་རང་གི་

སེམས་ལ་ཐིམ་པའམ་དབྱེར་མེད་དུ་འདྲེས་པའི་སྟོབས་ཀྱིས་སྣང་བ་བན་བུན་ནམ་དགའ་ལྷང་ངེ་བའི་ངང་ནས་དམིགས་རྟེན་གྱི་སེམས་ཀྱི་ངོ་སྤྲོད་གོང་དུ་བཤད་པ་རྣམས་དྲན་པར་བྱས་ཏེ་དམིགས་རྟེན་གྱི་སེམས་དེ་ངོ་འཕྲོད་པའམ་ངོས་ཟིན་དགོས། གོང་དུ་བཤད་པ་ལྟར་དམིགས་རྟེན་གྱི་སེམས་ནི་རང་སེམས་ཡིད་ཀྱི་རྣམ་ཤེས་ཕྲ་མོ་དེ་ཡིན། ང་ཚོས་རང་སེམས་ཡིད་ཀྱི་རྣམ་ཤེས་ཕྲ་མོ་དེ་ཇི་འདྲ་ཞིག་ཡིན་སྙམ་ཏེ། དེ་འཚོལ་བ་ནི་དམིགས་རྟེན་འཚོལ་བ་ཡིན། དེ་ལྟར་བཙལ་བས་ཡིད་ཀྱི་རྣམ་ཤེས་ཕྲ་མོ་འདི་སྟོང་སང་ནམ་མཁའ་ལྟ་བུའི་དངོས་པོ་གཟུགས་ཅན་གང་དུའང་འགྱུར་མི་སྲིད་ཅིང་། ཡུལ་འཆར་བའི་གཞི་རྟེན་བྱེད་པ་ཞིག་ཏུ་གསལ་པོར་འཆར་ན་ང་ཚོས་ཞི་གནས་བསྒོམས་པའི་དམིགས་རྟེན་རྙེད་པ་ཡིན། སྤྱིར་ཞི་གནས་ཀྱི་དོན་ནི་ཞི་ཞེས་པ་རང་སེམས་ཕྱི་རོལ་གྱི་ཡུལ་ལ་གཡེང་བ་ཞི་བའི་དོན་དང་། གནས་ཞེས་པ་རང་སེམས་དགེ་བའི་དམིགས་པ་ལ་རྩེ་གཅིག་ཏུ་གནས་པའི་དོན་ཡིན། དེས་ན་ཞི་གནས་ནི་རོབ་ཙམ་བྱས་ན་སེམས

ཕྱི་རོལ་གྱི་ཡུལ་ལ་གཡེང་བ་ཞི་ནས་ནང་དུ་དགེ་བའི་དམིགས་རྟེན་ལ་རྩེ་གཅིག་ཏུ་གནས་པ་ལ་ཟེར། དེ་ཙམ་ཞིག་ནི་འགྲུབ་དཀའ་བ་མ་ཡིན། ཞིབ་ཏུ་བྱས་ན་ཞི་གནས་ཀྱི་དོན་ནི་སེམས་གནས་པའི་ཐབས་དགུ་ལ་བརྟེན་ནས་ཐོབ་པའི་ཏིང་ངེ་འཛིན་ཤིན་སྦྱངས་ཀྱི་བདེ་བ་ཁྱད་པར་ཅན་གྱི་ཟིན་པ་དེ་ཡིན། དེ་ལྟ་བུའི་ཞི་གནས་དེ་ནི་སེམས་ཕྲ་བ་ཤིན་ཏུ་ཞི་བ། ཁོང་ཁྲོ་དང་ཞེ་སྡང་སོགས་འགོག་ནུས་པ། མངོན་ཤེས་དང་རྫུ་འཕྲུལ་ཐོབ་པའི་རྒྱུ་བྱེད་པ། ཁམས་གོང་མའི་ལྷར་སྐྱེས་པའི་རྒྱུ་བྱེད་པའི་བྱེད་ལས་ཅན་ཞིག་ཡིན། འོན་ཀྱང་མངོན་ཤེས་དང་རྫུ་འཕྲུལ་ཐོབ་པ། ཁམས་གོང་མའི་ལྷར་སྐྱེས་པ་ནི་གལ་ཆེ་ཞིག་རྩ་བ་ནས་མིན། ང་ཚོ་རང་དང་གཞན་འཁོར་བའི་སྡུག་བསྔལ་ལས་གཏན་དུ་ཐར་པ་དང་གཏན་གྱི་བདེ་བ་སངས་རྒྱས་ཀྱི་གོ་འཕང་ཐོབ་པའི་ཆེད་དུ་ཞི་གནས་བསྒོམ་པ་ཡིན། དམིགས་བསལ་ཤེས་རྒྱུ་ཞིག་ལ་ཕྱག་ཆེན་འདིར་ཤིན་ཏུ་ཕྲ་བའི་སེམས་ལ་དམིགས་པའི་ཞི་གནས་འགྲུབ་པ་ཡིན་པས་སེམས་དེ་ལ་དམིགས་པའི་

སེམས་གནས་བཞི་པའི་ཏིང་ངེ་འཛིན་ཐོབ་པ་ན། དེ་ནས་ང་ཆོས་གཉིད་ཀྱི་རྣལ་འབྱོར་ལ་བརྟེན་ནས་གཉིད་ཀྱི་འོད་གསལ་ངོས་ཟིན་ཅིང་དེ་ཉིད་དཔེ་དང་དོན་གྱི་འོད་གསལ་གྱི་ངོ་བོར་འགྱུར་ནས་ཟུང་འཇུག་སངས་རྒྱས་ཀྱི་གོ་འཕང་ཤིན་ཏུ་མྱུར་བར་ཐོབ་ངེས་པས་ཞི་གནས་འགྲུབ་ཚུལ་འདི་ནི་ཤིན་ཏུ་ཐབས་ལ་མཁས་པའི་ཟབ་གནད་ཞིག་ཡིན། གཞན་ཡང་ཞི་གནས་ཀྱི་ཡན་ལག་གམ་ཕྱི་ནང་གི་མཐུན་རྐྱེན་རྒྱས་པ་སྤྱོད་འཇུག་དང་ལམ་རིམ་སོགས་ནས་བཤད་པ་དེ་དག་ཤེས་ནས་རང་ཉིད་ལ་ལྡན་པ་བྱེད་རྒྱུ་ཤིན་ཏུ་ནས་གལ་ཆེ་བ་ཡིན། དེ་ལྟར་ན་དེང་དུས་མི་རྣམས་གཡེང་བ་ཆེ་བའི་སྐབས་ཡིན་ཀྱང་རང་ཉིད་ལ་ཞི་གནས་ཚད་ལྡན་ཐོབ་ཐུབ་པ་ཡིན། ཁྱད་པར་དུ་བྱིན་བརླབ་ཀྱི་ནུས་པ་ཆེ་བ་དང་བསྒོམ་ཚུལ་གཞན་ལས་ཁྱད་པར་དུ་འཕགས་པའི་རྐྱེན་གྱིས་ཕྱག་ཆེན་གྱི་སྐབས་ནས་བཤད་པའི་ཞི་གནས་བསྒོམ་ཚུལ་མཁས་པ་རྣམས་ལ་སེམས་གནས་བཞི་པའི་ཏིང་ངེ་འཛིན་ཐོབ་པའི་ཚེ་ལམ་གོང་མ་འགྲུབ་པ་ལ་མདོ་ནས་བཤད་པའི་ཞི་གནས་ངོ་

མ་ཐོབ་པ་དང་ཁྱད་པར་མེད་པས་དེས་ན་ང་ཚོས་སེམས་གནས་བཞི་པའི་ཏིང་ངེ་འཛིན་མ་ཐོབ་བར་དུ་འབད་བརྩོལ་ཆེན་པོས་བསྐྱོང་དགོས་པ་ཡིན། དེ་ཇི་ལྟར་བསྐྱོང་བའི་ཚུལ་ནི་གོང་དུ་བཤད་པ་ལྟར་སྙིང་ཁར་རྩ་དབུ་མའི་ནང་དུ་བཞུགས་པའི་བླ་མ་ཧེ་རུ་ཀའི་ཐུགས་བདེ་བ་ཆེན་པོ་དེ་རང་སེམས་ཡིད་ཀྱི་རྣམ་ཤེས་ཕྲ་མོ་ལ་ཐིམ་པས་དེ་དང་དབྱེར་མེད་དུ་གྱུར་བ་དེ་དྲན་པར་བྱས་ནས་སེམས་དགའ་ལྷང་ངེ་བའི་ངང་ནས་འདི་ལྟར་བསམ་པར་བྱ་སྟེ། རང་སེམས་ཡིད་ཀྱི་རྣམ་ཤེས་ཕྲ་མོ་དེ་ཇི་འདྲ་ཞིག་ཡིན་སྙམ་པའི་བསམ་པ་ཤུགས་ཆེ་ཞིག་བསྐྱེད་དེ། དེ་ནས་རང་སེམས་ཡིད་ཀྱི་རྣམ་ཤེས་ཕྲ་མོ་དེ་ནི་སྟོང་སང་ནམ་མཁའ་ལྟ་བུའི་དངོས་པོ་གཟུགས་ཅན་གང་དུའང་འགྱུར་མི་སྲིད་ཅིང་། ཡུལ་འཆར་བའི་གཞི་རྟེན་བྱེད་པ་ཞིག་ཡིན་ནོ་སྙམ་དུ་བསམས། དེ་ལྟར་བསམ་པ་དང་དྲན་པ་ཡང་ཡང་བྱས་པའི་རྐྱེན་གྱིས་རང་སེམས་ཡིད་ཀྱི་རྣམ་ཤེས་ཕྲ་མོ་དེ་སྟོང་སང་ནམ་མཁའ་ལྟ་བུའི་དངོས་པོ་གཟུགས་ཅན་གང་དུའང་འགྱུར་མི་སྲིད་པ་

ཡུལ་འཆར་བའི་གཞི་རྟེན་བྱེད་པ་ཞིག་ཏུ་གསལ་པོར་འཆར་བ་ན་ཞི་གནས་ཀྱི་དམིགས་རྟེན་རྙེད་པས་ཇི་ལྟར་འཆར་བ་དེ་མ་བརྗེད་པར་རྩེ་གཅིག་ཏུ་འཛིན་ཏེ་ཡུད་ཙམ་སྒོམས། དམིགས་རྟེན་བརྗེད་པ་ན་སླར་ཡང་དྲན་པར་བྱས་ཏེ་སྒོམས། ཉིན་རེ་བཞིན་དུ་དེ་ལྟར་ཡང་ཡང་བྱས་པའི་སྟོབས་ཀྱིས་དམིགས་རྟེན་ཡིད་ཀྱི་རྣམ་ཤེས་ཕྲ་མོ་དེ་འཆར་བ་ལ་གོམས་པ་གཏན་པོ་ཐོབ་ཅིང་དེའི་སྐབས་ཀྱི་སེམས་དམིགས་རྟེན་ལ་རྩེ་གཅིག་ཏུ་གཏད་པའི་ཏིང་ངེ་འཛིན་དེ་སེམས་གནས་དང་པོ་ནང་ཉིད་དུ་འཛོག་པ་ཟེར་བ་དེ་ཡིན། དེ་ནས་སེམས་གནས་དང་པོའི་ཏིང་ངེ་འཛིན་དེ་རྒྱུན་འཐུད་ནས་སྒོམས། དམིགས་རྟེན་བརྗེད་ན་སླར་ཡང་དྲན་པར་བྱས་ཏེ་སྒོམས། ཉིན་རེ་བཞིན་དུ་དེ་ལྟར་ཡང་ཡང་བྱས་པས་དམིགས་རྟེན་རྩེ་གཅིག་ཏུ་འཛིན་ཏེ་གནས་པ་ལ་གོམས་པའི་སྟོབས་ཀྱིས་ཉུང་མཐར་ཆུ་ཚོད་སྐར་མ་ལྔའི་རིང་ལ་དམིགས་རྟེན་ཡིད་ཀྱི་རྣམ་ཤེས་ཕྲ་མོ་དེ་གཏན་ནས་མི་བརྗེད་པའི་ཏིང་ངེ་འཛིན་ཐོབ། དེ་འདྲའི་ཏིང་ངེ་འཛིན་དེ་སེམས་གནས་གཉིས་པ་

རྒྱུན་དུ་འཛོག་པ་ཟེར་བ་དེ་ཡིན། དེ་ནས་སེམས་གནས་གཉིས་པའི་ཏིང་ངེ་འཛིན་དེ་རྒྱུན་འཕུད་དེ་སྒོམས། སེམས་གཡེངས་ཏེ་དམིགས་རྟེན་ཡིད་ཀྱི་རྣམ་ཤེས་ཕྲ་མོ་དེ་བརྗེད་པ་ན་སླར་ཡང་དྲན་པར་བྱས་ཏེ་སྒོམས། ཉིན་རེ་བཞིན་དུ་དེ་ལྟར་ཡང་ཡང་བྱས་པ་གོམས་པའི་སྟོབས་ཀྱིས་དམིགས་རྟེན་བརྗེད་པ་ནམ་བྱུང་རེ་དེ་མ་ཐག་ཏུ་དེ་དྲན་ཐུབ་པའི་ཏིང་ངེ་འཛིན་ཐོབ། དེ་འདྲའི་ཏིང་ངེ་འཛིན་དེ་སེམས་གནས་གསུམ་པ་གླན་ཏེ་འཛོག་པ་ཟེར་བ་དེ་ཡིན། དེ་ནས་སེམས་གནས་གསུམ་པའི་ཏིང་ངེ་འཛིན་དེ་རྒྱུན་འཕུད་ནས་སྒོམས། ཏིང་ངེ་འཛིན་དེ་ལ་དམིགས་རྟེན་བརྗེད་ན་དེ་མ་ཐག་དྲན་ཐུབ་པའི་ནུས་པ་ཡོད་པས་ཉིན་རེ་བཞིན་དུ་དེ་འདྲའི་ཏིང་ངེ་འཛིན་དེ་ཡང་ཡང་བསྒོམ་ན་གོམས་པའི་སྟོབས་ཀྱིས་ཐུན་གྱི་སྐབས་སུ་དམིགས་རྟེན་ནམ་ཡང་མི་བརྗེད་པའི་ཏིང་ངེ་འཛིན་ཐོབ། དེ་འདྲའི་ཏིང་ངེ་འཛིན་དེ་སེམས་གནས་བཞི་པ་ཉེ་བར་འཛོག་པ་ཟེར་བ་དེ་ཡིན། དེའི་ཚེ་ང་ཚོར་ཏིང་ངེ་འཛིན་ཤིན་ཏུ་བརྟན་པ་དང་དྲན་པ་ཤིན་ཏུ་སྟོབས་ཆེ་བ་ཐོབ་

པས་སེམས་གནས་བཞི་པའི་ཏིང་ངེ་འཛིན་འདི་ཐོབ་ན་ལམ་གོང་མ་འགྲུབ་པ་ལ་ཞི་གནས་ངོ་མ་ཐོབ་པ་དང་ཁྱད་པར་མེད་པ་ལྟ་བུ་ཡིན་པས། འདི་ནས་ཕྱག་ཆེན་དངོས་གཞི་ཉམས་ལེན་གྱི་རིམ་པ་གཉིས་པ་སྟོང་ཉིད་རྟོགས་ནས་ལྷག་མཐོང་བསྒོམ་པ་ལ་འཇུག་པ་ཡིན། རིམ་པ་འདི་ཉམས་སུ་ལེན་པ་ལ་གཉིས། སྟོང་ཉིད་རྟོགས་པ་དང་། ལྷག་མཐོང་བསྒོམ་པའོ། །དེ་ཡང་རྩ་བ་ལས། དེས་ན་འདི་ལ་ལྟ་ཐོག་ནས། །བསྒོམ་པ་འཚོལ་དང་བསྒོམ་ཐོག་ནས། །ལྟ་བ་འཚོལ་བའི་ལུགས་གཉིས་ལས། །འདིར་ནི་ཕྱི་མའི་ལུགས་བཞིན་ཡིན། །ཞེས་གསུངས། སྒོམ་ཐོག་ནས་ལྟ་བ་འཚོལ་ལུགས་ནི་ཐོག་མར་སྒོམས། ཞི་གནས་དངོས་སམ། མ་མཐའ་སེམས་གནས་བཞི་པའི་ཏིང་ངེ་འཛིན་ཐོབ་པར་བྱས། དེ་ནས་གཞིའི་ལྟ་བ་སྟོང་ཉིད་འཚོལ་བ་དང་། རྟོགས་པ་ལ་འབད་པ་དེ་ཡིན། སྟོང་ཉིད་ཇི་ལྟར་རྟོགས་ཚུལ་ནི། སྤྱིར་བཏང་སྟོན་པ་སངས་རྒྱས་ཀྱིས་སྟོང་ཉིད་གཏན་ལ་འབེབས་པའི་རིག་པའི་རྣམ་གྲངས་མི་འདྲ་བ་མཐའ་ཡས་པ་ཞིག་

གསུངས་ཤིང་། ཀླུ་སྒྲུབ་ཡབ་སྲས་ཀྱིས་སངས་རྒྱས་ཀྱི་དགོངས་པ་ངོ་མ་དེ་གཏན་ལ་ཕབ་པ་རྗེ་བླ་མས་དེ་ཉིད་མ་ནོར་བར་གསལ་བར་བྱས་པ་ཡིན། ཕྱག་ཆེན་འདི་ནི་སྙན་རྒྱུད་ཡིན་པས་སྟོང་ཉིད་ཀྱི་དགག་བྱ་ངོས་འཛིན་ཚུལ་དང་། དེ་བཀག་པའི་སྟོང་ཉིད་བསྒོམ་ཚུལ། སྟོང་ཉིད་མངོན་སུམ་དུ་རྟོགས་པའི་མཐོང་ལམ་གྱི་སྦྱོར་བ། ལྷག་མཐོང་བསྒོམ་ཚུལ་མཐོང་ལམ་གྱི་རྟོགས་པ་ཁྱད་པར་ཅན་བདེ་སྟོང་གཉིས་མེད་ཀྱི་ཡེ་ཤེས་སྐྱེ་ཚུལ་སོགས་མན་ངག་གཞན་ལས་ཁྱད་པར་དུ་འཕགས་པ་ཞིག་ཡིན། སྟོང་ཉིད་ཀྱི་དགག་བྱ་ངོས་འཛིན་ལྟ་བུ་ལ་མཚོན་ན། ཕྱག་ཆེན་རང་འགྲེལ་ཡང་གསལ་སྒྲོན་མེར་མཁས་གྲུབ་ནོར་བཟང་རྒྱ་མཚོའི་ལུང་དྲངས་པ་ལས། འོན་ཀྱང་བློ་བཟང་ཉིན་བྱེད་དབང་པོ་ཡི། །རྗེས་འབྲངས་མཁས་བརྩོམ་རྒྱ་སྐར་དུ་མའི་ཚོགས། །རང་མཚན་རང་བཞིན་འགྲུབ་དང་བདེན་དངོས་ཞེས། །ཐ་སྙད་ཚིག་གིས་བཅིངས་པའི་དགག་བྱ་དག །རང་བློས་བཞག་པ་རིག་པས་བཀག་པའི་དོན། །མཐའ་བྲལ་དབུ་མ་ཆེན་པོར་འདོད་

པ་མཐོང་། །རྨི་ལམ་གཟུགས་དང་སྒྱུ་མའི་རྟ་གླང་གང་།། རང་སྣང་བློ་ལ་སྣང་ཙམ་མ་གཏོགས་པར། །དེ་ལས་ལོགས་སུ་ཅུང་ཟད་ཡོད་མིན་ལྟར། །སྲིད་པའི་རྩེ་མོ་ནས་བཟུང་དམྱལ་བའི་བར། །སེམས་ཅན་ཇི་སྙེད་རང་རང་སོ་སོ་ཡི། རྟོག་པས་བཏགས་པ་ཙམ་ཞིག་མ་གཏོགས་པ། །ཡོད་པའི་དགག་བྱ་ཕྲ་མོ་མ་ཁེགས་ན། །ཇི་ཙམ་དཔྱད་ཀྱང་ཉེ་ཚེའི་ལྟ་བ་ལས། །ཅུང་ཟད་འཕགས་པ་མེད་པར་བདག་གིས་ཁུམས། །ཞེས་གསུངས། ལྕང་སྐྱ་རོལ་པའི་རྡོ་རྗེས་ཀྱང་། ད་ལྟ་རང་རེ་ཡི་བློ་གསར་འགའ་ཞིག ཚུགས་ཐུབ་བདེན་འགྲུབ་སོགས་བརྗོད་ལ་ཞེན་ཏེ། སྣང་བ་ལིང་ལིང་འདི་རང་སོར་བཞག་ཏེ། འགག་རྒྱུ་རྭ་ཅན་ཞིག་འཚོལ་བ་སྣང་སྟེ། ཞེས་གསུངས། ང་ཚོས་སྔར་སྟོང་ཉིད་ཀྱི་སྐོར་ལ་བསམ་བློ་མང་པོ་བཏང་། དཔེ་ཆ་མང་པོ་ཀློག དྲི་བ་དྲིས་ལན་མང་པོ་བྱས་པའི་རྐྱེན་གྱིས་ད་ལྟ་གཞན་ཞིག་ནས་སྟོང་ཉིད་ཟེར་བ་དེ་ག་རེ་རེད་ཟེར་ན། ང་ཚོ་བསམ་བློ་གང་ཡང་གཏོང་མ་དགོས་པར་དེ་ནི་རང་བཞིན་གྱིས་གྲུབ་པའི་སྟོང་པ་ལ་ཟེར་

ཞེས་ལབ་ཆོག་ཆོག་ཕལ་ཆེར་རང་ཉིད་ཀྱིས་སྟོང་ཉིད་རྟོགས་པའི་བཟོ་ལྟ་བུ་བྱེད་ཀྱིན་ཡོད་ཀྱང་། དོན་ལ་ང་ཚོ་གྲོད་ཁོག་རྒྱུགས་ནས་བློ་ཡིད་འཚེམས་པ་ལྟ་བུ་ཞིག་བྱུང་ཡོད་པ་མ་རེད། དེའི་རྒྱུ་མཚན་ནི་ང་ཚོས་ད་ལྟ་རང་གི་བློ་འཁྲུལ་པ་ལ་སྣང་བའི་སྣང་བ་ལིང་ལིང་འདི་བཀག་མ་ཐུབ་པར་དགག་བྱ་རང་བཞིན་གྱིས་གྲུབ་པ་རང་གི་བློས་བཅོས་པ་ཞིག་བཀག་ཙམ་དེ་ལ་སྟོང་ཉིད་ཞེས་མཛུབ་མོ་འཛུགས་ཀྱི་ཡོད་པ་རེད། དེ་ནི་ཇི་ཙམ་དཔྱད་ཀྱང་ཉེ་ཚེའི་ལྟ་བ་ལས་མ་འདས་པ་ང་ཚོས་ཤེས་དགོས། ཉེ་ཚེ་བའི་ལྟ་བ་ནི་དགག་བྱ་ངོ་མ་བཀག་མ་ཐུབ་པར་རང་གི་བློས་བཅོས་པའི་དགག་བྱ་བཀག་པའི་སྟོང་ཉིད་ཡིན། དེ་འདྲའི་སྟོང་ཉིད་ནི་ཇི་ཙམ་བསྒོམ་ཀྱང་ཉོན་མོངས་པའི་དཀའ་ངལ་སེལ་བ་ལ་ཕན་མི་ཐོགས། དེས་ན་སྟོང་ཉིད་ཀྱི་དགག་བྱ་ངོ་མ་ནི་ད་ལྟ་རང་ཅག་ལ་སྣང་མུས་ཀྱི་ཆོས་འདི་ཚོ་རང་ཡིན་པ་ངོ་འཕྲོད་པའི་མྱོང་བ་ནང་ནས་མ་སྐྱེས་བར་དུ་འབད་བརྩོལ་བྱེད་དགོས་པ་ཡིན། སྤྱིར་སྟོང་ཉིད་ཞེས་པའི་དོན་ནི་གང་ཞིག་མེད་པའི་

དོན་ཡིན། དཔེར་ན་ང་ཚོས་ངའི་དབུལ་ཕྱུག་སྟོང་པ་རེད་ཟེར་བའི་སྟོང་པ་ནི་དབུལ་ཕྱུག་ནང་དབུལ་མེད་པ་དེ་ཡིན། དེ་བཞིན་དུ་སྟོང་ཉིད་ཞེས་པའི་སྟོང་པ་དེ་ད་ལྟ་རང་ཅག་ལ་སྣང་མུས་ཀྱི་ཆོས་འདི་ཚོ་མེད་ཙམ་དེ་ཡིན། འདི་ངོ་འཕྲོད་པའི་མྱོང་བ་བསྐྱེད་པ་ལ་འབད་དགོས། ཤེར་ཕྱིན་གྱི་མདོར། སྐྲས་ཟིན་ལ་བཅོམ་ལྡན་འདས་ཀྱིས་ཆོས་ཐམས་ཅད་མེད་པར་གསུངས། གཟུགས་མེད། སྒྲ་མེད། དྲི་མེད། རོ་མེད། རེག་བྱ་མེད། ཆོས་མེད་དོ་ཞེས་པ་ལྟ་བུ་གསུངས། དེ་ལ་ང་ཚོ་བློ་ལ་མི་འབབ་པ་མི་བྱེད་ན་ངས་རང་ཅག་སོ་སོ་སྐྱེ་བོ་ལ་སྣང་བའི་ཆོས་ཐམས་ཅད་མེད་ཅེས་བརྗོད་པ་ལ་བློར་མི་འབབ་པ་བྱེད་དགོས་དོན་མེད། ངས་ཆོས་ཐམས་ཅད་མེད་བརྗོད་ཀྱི་མེད། ཆོས་ཐམས་ཅད་ཡོད་པ་ཡིན། ཡོད་ཚུལ་ནི་མིང་ཙམ་དུ་ཡོད་པ་ཡིན། མིང་ཙམ་དེ་ལས་འགལ་ཆེ་ཡོད་པ་མ་ཡིན། རང་ཅག་ལ་སྣང་བའི་ཆོས་འདི་ཚོ་ནི་མིང་ཙམ་དུའང་ཡོད་པ་མ་ཡིན་ཏེ་ཐམས་ཅད་འཁྲུལ་སྣང་ཡིན་པའི་ཕྱིར། ཞེས་པ་ནི་རྟགས་ཡང་དག་ཡིན། དངོས་

གནས་ལ་ཡོད་ན་འཁྲུལ་སྣང་ཡིན་པའི་རྒྱུ་མཚན་དང་བརྟེན་པ་ཡིན་པའི་རྒྱུ་མཚན་མེད་པའི་ཕྱིར་རོ། །ཕྱག་ཆེན་འདིར་ཀླུ་སྒྲུབ་ཀྱི་དགོངས་པ་ལ་བརྟེན་ནས་ཐོག་མར་གང་ཟག་གི་བདག་མེད་པའི་སྟོང་ཉིད་ངོ་སྤྲོད་ལུགས་བཤད་ནས་དེ་ནས་ཆོས་ཀྱི་བདག་མེད་ཀྱི་སྟོང་ཉིད་ངོ་སྤྲོད་ལུགས་བཤད་པ་ཡིན། དང་པོ་ཇི་ལྟར་བྱ་བའི་ཚུལ་ནི་ཐོག་མར་ང་ཚོས་ད་ལྟ་ང་དང་ངའོ་ཞེས་གཅེས་པར་འཛིན་པའི་བདག་འདི་ཡོད་ན་རང་གི་ལུས་དང་སེམས་དང་དེ་གཉིས་ཚོགས་པ་དང་དེ་དག་གང་ཡང་མ་ཡིན་པ་ཞིག་ཏུ་ཡོད་དགོས་ཤིང་དེ་ལས་གཞན་དུ་ཡོད་ཚུལ་མེད་པ་ཤེས་རབ་ཀྱི་ཤེས་པར་བྱས་ནས་དེ་ནས་ལུས་འདི་བདག་ཡིན་ནམ་མིན་དཔྱད་པ་ན། ལུས་བདག་ཡིན་ན། ཤི་བའི་རྗེས་སུ་ལུས་མེད་པར་གྱུར་བས་བདག་ཀྱང་མེད་པར་གྱུར་ལ། དེ་ལྟར་ན། སྐྱེ་བ་ཕྱི་མ་མེད་པར་ཐལ་བའི་སྐྱོན་མཐོང་ནས་ལུས་བདག་མིན་པར་ཐག་བཅད། དེ་ནས་སེམས་འདི་བདག་ཡིན་ནམ་མིན་དཔྱད་པ་ན། སེམས་བདག་ཡིན་ན་ངའི་སེམས་ངའི་སེམས་ཞེས་སེམས་

དེ་བདག་གིས་དབང་བྱ་མ་ཡིན་པར་ཐལ་བའི་སྐྱོན་མཐོང་ནས་སེམས་བདག་མ་ཡིན་པར་ཐག་བཅད། དེ་ནས་ལུས་སེམས་ཚོགས་པ་དེ་བདག་ཡིན་ནམ་མིན་དཔྱད་པ་ན། ལུས་སེམས་རེ་རེ་བ་བདག་མ་ཡིན་པས་དེ་གཉིས་ཚོགས་པ་བདག་ཡིན་པ་མི་སྲིད་དེ། དཔེར་ན་ར་དང་ལུག་རེ་རེ་བ་བ་གླང་མ་ཡིན་པས་དེ་གཉིས་ཚོགས་པ་བ་གླང་ཡིན་པ་མི་སྲིད་པ་བཞིན་ནོ། །རྒྱུ་མཚན་འདི་མཐོང་ནས་ལུས་སེམས་གཉིས་ཚོགས་པ་བདག་མ་ཡིན་པར་ཐག་བཅད། དེ་ནས་ལུས་སེམས་རེ་རེ་བ་དང་ཚོགས་པ་ལས་གཞན་པ་ཞིག་བདག་ཡིན་ནམ་མིན་དཔྱད་པ་ན་དེ་ཡིན་པ་མི་སྲིད་དེ། སྲིད་ན་དཔེར་ན། སྐྱེ་བོ་ཉི་མ་ཟེར་བ་ཞིག་ཁོ་རང་གི་ལུས་སེམས་རེ་རེ་བ་དང་ཚོགས་པ་ཡལ་ནས་མེད་པར་གྱུར་ཡང་ད་དུང་ཉི་མ་མཐོང་རྒྱུ་ཡོད་སྲིད་པར་ཐལ་ཞིང་དེ་བདག་གམ་གང་ཟག་ཐམས་ཅད་ལའང་མཚུངས་པས་ལུས་སེམས་རེ་རེ་བ་དང་ཚོགས་པ་ལས་གཞན་པ་གང་ཡང་བདག་མིན་པར་ཐག་བཅད། དེས་ན་ད་ལྟ་ང་དང་ངའོ་ཞེས་གཅེས་པར་འཛིན་

པའི་བདག་འདི་ཤེས་རབ་ཀྱི་མིག་གིས་གོང་དུ་བཤད་པ་ལྟར་བཙལ་བ་ན་ཡལ་ནས་མེད་པར་གྱུར་ཞིང་གང་དུའང་མི་རྙེད་པས་བདག་འདི་ནི་མེད་པར་ཐག་ཆོད་དོ་སྙམ་དུ་ཤུགས་ཆེར་བསམ། དེ་ལྟར་ཡང་ཡང་བསམ་པའི་སྟོབས་ཀྱིས་ང་ལྟ་ང་དང་ངའོ་ཞེས་གཅེས་པར་འཛིན་པའི་བདག་འདི་མེད་པའི་རྣམ་པ་འཆར་བ་ན། དེ་ལྟར་འཆར་བ་དེ་བསྒོམ་གྱི་དམིགས་རྟེན་ཡིན་པས་དེ་ཉིད་མ་བརྗེད་པར་རྩེ་གཅིག་ཏུ་འཛིན་ཏེ་སྒོམས། བསྒོམ་འདི་ལ་གོམས་པ་ཅུང་ཟད་ཐོབ་པ་ན་སྟོང་ཉིད་ལ་དམིགས་པའི་སེམས་གནས་དང་པོ་ཐོབ། དེ་ལས་ཀྱང་གོམས་པ་རིམ་གྱིས་ཇེ་ཆེར་སོང་བ་ན་སྟོང་ཉིད་ལ་དམིགས་པའི་སེམས་གནས་གཉིས་པ་ལ་སོགས་པ་ཐོབ་པས་དེ་ལྟར་སེམས་གནས་བཞི་པའི་ཏིང་ངེ་འཛིན་མ་ཐོབ་བར་དུ་འབད་དགོས། དེ་ནས་ཆོས་ཀྱི་བདག་མེད་པའི་སྟོང་ཉིད་ཇི་ལྟར་ངོ་སྤྲོད་པའི་ཚུལ་ནི། ང་ལྟ་ང་དང་ང་ཞེས་གཅེས་པར་འཛིན་པའི་བདག་འདི་ཡོད་པ་མིན་པས་ན་འདིའི་ཉམས་སུ་མྱོང་བའི་སྐྱེ་བ་མེད། འཆི་བ་མེད།

འཁོར་བ་མེད། སྡུག་བསྔལ་མེད་དེ། བདག་ཁོ་རང་མེད་པའི་ཕྱིར། དཔེར་ན་མོ་གཤམ་གྱི་བུ་མེད་པས་དེའི་སྐྱེ་བ་དང་འཆི་བ་མེད་པ་བཞིན་ནོ། །དེ་བཞིན་དུ་བདག་འདི་ཡིས་ཉམས་སུ་མྱོང་བའི་མཐོང་རྒྱུ་མེད། ཐོས་རྒྱུ་མེད། དྲན་རྒྱུ་མེད། རེག་རྒྱུ་མེད། བྱ་བ་མེད། བྱ་བ་བྱས་པ་མེད། དགའ་རྒྱུ་མེད། སྡུག་རྒྱུ་མེད། བསྟོད་རྒྱུ་མེད། སྨད་རྒྱུ་མེད། འཐོབ་རྒྱུ་མེད། ཤོར་རྒྱུ་མེད། འདོད་རྒྱུ་མེད། མི་འདོད་རྒྱུ་མེད། སྣང་རྒྱུ་མེད། འཛིན་རྒྱུ་མེད། བདེན་འཛིན་དང་བདེན་སྣང་ལ་སོགས་པའི་ཆོས་རྣམས་ཐམས་ཅད་མེད་སྟེ། བདག་རང་ཉིད་མེད་པའི་ཕྱིར། དེ་ལྟར་ཉིན་རེ་བཞིན་དུ་རྒྱུ་མཚན་དང་བཅས་ཏེ་ཡང་ཡང་བསམས་པའི་སྟོབས་ཀྱིས་ད་ལྟ་རང་ཅག་ལ་སྣང་བའི་ཆོས་རྣམས་ཐམས་ཅད་མེད་པའི་རྣམ་པ་འཆར་བའམ་མེད་པའི་དོན་སྤྱི་འཆར་བ་ན་དེ་ལྟར་འཆར་བ་དེ་བསྒོམ་འདིའི་དམིགས་རྟེན་ཡིན་པས་དེ་ཉིད་མ་བརྗེད་པར་རྩེ་གཅིག་ཏུ་འཛིན་ཏེ་སྒོམས། བསྒོམ་འདི་ལ་གོམས་པ་ཅུང་ཟད་ཐོབ་པ་ན་སེམས་གནས་དང་པོ་ཐོབ་ཅིང་། དེ་ནས་

གོམས་པ་རིམ་གྱིས་ཇེ་ཆེར་གྱུར་བ་ན་སེམས་གནས་གཉིས་པ་ལ་སོགས་པ་ཐོབ་ཅིང་སེམས་གནས་བཞི་པའི་ཏིང་ངེ་འཛིན་མ་ཐོབ་བར་དུ་འབད་དགོས། སྟོང་ཉིད་བསྒོམ་པའི་མཉམ་བཞག་ལས་ལངས་ཏེ་རྗེས་ཐོབ་ཀྱི་བྱ་བ་ལ་འཇུག་པ་ན། ཡུལ་བཟང་ངན་གང་སྣང་ཡང་འདི་ནི་མེད་ཀྱང་སྣང་བ་སྒྱུ་མ་ལྟ་བུ་ཡིན་བསམས་པ་སྣང་བ་སྒྱུ་མ་ལྟ་བུའི་ཉམས་ལེན་དང་། འདི་ནི་སྣང་ཡང་མེད་པ་སྒྱུ་མ་ལྟ་བུ་ཡིན་བསམ་པ་སྟོང་པ་སྒྱུ་མ་ལྟ་བུའི་ཉམས་ལེན་ལ་གོམས་པ་བྱེད་རྒྱུ་གལ་ཆེ། དེ་ལྟར་མཉམ་བཞག་དང་རྗེས་ཐོབ་ཀྱི་ཉམས་ལེན་རྣམས་དྲན་ཤེས་བརྟན་པོས་བྱས་ན་ཉོན་མོངས་པའི་དཀའ་ངལ་རང་སར་ཞི་ཞིང་མྱུར་ལམ་གོང་མ་འགྲུབ་པ་ཆེས་སླ་བ་ཡིན། ། དེ་ནས་ལྷག་མཐོང་ཇི་ལྟར་བསྒོམ་ཚུལ་ནི། ལྷག་མཐོང་དངོས་ནི་ཞི་གནས་ཀྱི་ངང་ནས་བསྒོམ་སྟོབས་ཀྱིས་བསྐྱེད་པའི་ཤེས་རབ་ཁྱད་པར་ཅན་ཞིག་ཡིན། འདིར་སྟོང་ཉིད་ལ་དམིགས་པའི་ལྷག་མཐོང་བསྒོམ་དགོས། སེམས་གནས་བཞི་པའི་ཏིང་ངེ་འཛིན་ཐོབ་ན་སྟོང་ཉིད་ལ་

དམིགས་པའི་ལྷག་མཐོང་བསྒོམ་ཚོག   དེའི་ཚེ་ལྷག་མཐོང་དངོས་མེད་ཀྱང་ལྷག་མཐོང་རྗེས་མཐུན་པ་བསྐྱེད་ནས་བསྒོམ་ན་ལྷག་མཐོང་བསྒོམ་པར་གྱུར་བ་ཡིན།   སེམས་གནས་བཞི་པའི་ཏིང་ངེ་འཛིན་དེ་ནི་ཆུ་དྭངས་མ་རླུང་གིས་མི་གཡོ་བ་ལྟ་བུ་ཡིན།   ལྷག་མཐོང་རྗེས་མཐུན་པ་དེ་ནི་ཆུ་ཡི་ནང་དུ་ཉ་ཆུང་འཕྱུག་པ་ལྟ་བུ་ཏིང་ངེ་འཛིན་ལ་བར་ཆད་མི་བྱེད་པར་ཏིང་ངེ་འཛིན་གྱི་ངང་ནས་ཡུལ་ལ་དཔྱད་པ་བྱེད་པའི་ཤེས་རབ་ཀྱི་ཆ་ཞིག་ཡིན།   སྟོང་ཉིད་ལ་དམིགས་པའི་ལྷག་མཐོང་རྗེས་མཐུན་པ་བསྒོམ་པ་ནི་སྟོང་ཉིད་ལ་དམིགས་པའི་ལྷག་མཐོང་དངོས་ཐོབ་པའི་རྒྱུའི་གཙོ་བོ་ཡིན། དེ་ལ་དམིགས་པའི་ལྷག་མཐོང་དངོས་བསྒོམ་པ་དེ་ནི་སྟོང་ཉིད་མངོན་སུམ་དུ་རྟོགས་པའི་མཐོང་ལམ་ཐོབ་པའི་རྒྱུའི་གཙོ་བོ་ཡིན།   འོན་ཀྱང་མཐོང་ལམ་མདོ་ནས་བཤད་པ་དང་སྔགས་ནས་བཤད་པ་གཉིས་ལ་ཁྱད་པར་ཆེན་པོ་ཡོད་པ་ཤེས་དགོས།   སྔགས་ལུགས་ཀྱི་མཐོང་ལམ་ནི་ཕྱག་ཆེན་དངོས་ཡིན།   དེ་ལ་ནི་ལྷན་སྐྱེས་ཀྱི་བདེ་བའི་སྟོང་ཉིད་མངོན་

སུམ་དུ་རྟོགས་པ་ཞིག་དགོས། མདོ་ལུགས་ཀྱི་མཐོང་ལམ་ནི་ སེམས་ རགས་ པས་ སྟོང་ ཉིད་ མངོན་ སུམ་ དུ་ རྟོགས་ པ་ཞིག་རེད། སྔགས་ལུགས་ལ་སེམས་རགས་པས་སྟོང་ཉིད་མངོན་ སུམ་ དུ་ རྟོགས་ ཙམ་ གྱིས་ སྟོང་ ཉིད་ མངོན་ སུམ་ དུ་རྟོགས་པའི་གོ་མི་ཆོད། ངེས་པར་དུ་ཤིན་ཏུ་ཕྲ་བའི་སེམས་ཀྱི་རྟོགས་པ་ཞིག་དགོས་པ་ཡིན། སྔགས་ལུགས་ཀྱི་མཐོང་ལམ་ཐོབ་པ་ལ་ལྷན་སྐྱེས་ཀྱི་བདེ་བ་ཆེན་པོ་ཐོབ་དགོས། དེ་ནི་ རྡོ་ རྗེའི་ ལུས་ ལ་ གནད་ དུ་ བསྣུན་ པའི་ རྩ་ རླུང་ ཐིག་ ལེའི་རྣལ་འབྱོར་བསྒོམ་པ་ལ་རག་ལས། དེས་ན་རྩ་རླུང་ཐིག་ལེའི་རྣལ་འབྱོར་བསྒོམ་ཚུལ་ལ་གསུམ། རྩ་ཡི་རྣལ་འབྱོར་བསྒོམ་པ། ཐིག་ལེའི་རྣལ་འབྱོར་བསྒོམ་པ། རླུང་གི་རྣལ་འབྱོར་བསྒོམ་པའོ། །སྐབས་འདིར་རྩ་ནི་རང་གི་ལུས་ཀྱི་རྩ་ནང་དུ་ཐིག་ལེ་དཀར་དམར་གནས་པ་དང་སེམས་ཀྱི་བཞོན་པའི་རླུང་གཡོ་བས་དེ་གཉིས་ཀྱི་སྣོད་ལྟ་བུ་ཞིག་ཡིན། རྩ་ལ་གཙོ་བོའི་དབང་དུ་བྱས་ན་གསུམ་ཡོད་སྟེ། རྩ་དབུ་མ། རོ་མ། རྐྱང་མ་བཅས་སོ། །རྩ་དབུ་མ་ལ་དྷུ་ཏི་ཡང་ཟེར། རྩ་

དབུ་མ་ནི་ལུས་ཀྱི་རྩ་ཡི་གཙོ་བོ་སྦོམ་ཕྲ་གྲོ་སོག་ཙམ་ལུས་ཀྱི་ནང་གི་དབུས་གཡས་གཡོན་གཉིས་ལ་ལྟོས་པའི་དབུས་རྒྱབ་ལ་ཉུང་ཟད་ཉེ་བ་སྤྱི་གཙུག་ནས་རྟགས་ཀྱི་རྩེའི་བར་ཐད་ཀར་ཡོད་པ་ལུས་ཀྱི་གཞུང་ཤིང་ལྟ་བུ་ཕྱི་སྔོ་ལ་ནང་དམར་བ་དྲང་ཞིང་འགྲེང་པ། འཇམ་ཞིང་སླེམས་པ། དྭངས་ཤིང་གསལ་བ་སྟེ་ཁྱད་ཆོས་དེ་དག་དང་ལྡན་པ་ཞིག་ཡིན། རོ་མ་ནི་དབུ་མའི་གཡས་སུ་ཁ་མདོག་དམར་ཞིང་སྤྱི་གཙུག་ནས་རྟགས་ཀྱི་རྩེའི་བར་ཐད་ཀར་ཡོད་པ། རྐྱང་མ་ནི་དབུ་མའི་གཡོན་དུ་ཁ་མདོག་དཀར་ཞིང་དེ་ཡང་སྤྱི་གཙུག་ནས་རྟགས་ཀྱི་རྩེའི་བར་ཐད་ཀར་ཡོད་པ་བཅས་བསམ་དགོས། རྩ་འཁོར་བཞི་དང་དྲུག་ལ་སོགས་པ་སྐབས་འདིར་བསམ་མི་དགོས། གཙོ་བོར་རྩ་དབུ་མའི་ཁྱད་ཆོས་གོང་དུ་བཤད་པ་ཡང་ཡང་བསམ་སྟེ་རྩ་དབུ་མའི་དོན་སྤྱི་གསལ་པོར་འཆར་བ་ལ་བསླབ། ཐིག་ལེ་ནི་རྩ་ཡི་ནང་ན་གནས་པའི་བརླན་ཞིང་བཤེར་བའི་རང་བཞིན་བཞུ་ན་བདེ་བ་སྐྱེད་པའི་བྱེད་ལས་ཅན་ཞིག་ཡིན། འདི་ལ་ཐིག་ལེ་དཀར་པོ་དང་

དམར་པོ་གཉིས་ཡོད། དཀར་པོ་ནི་བཞུ་ན་སྐྱེས་པ་རྣམས་ལ་བདེ་བ་སྐྱེད་པའི་བྱེད་ལས་ཅན་དང་། དམར་པོ་ནི་ཁྲག་དྭངས་མའི་རང་བཞིན་བཞུ་ན་བུད་མེད་རྣམས་ལ་བདེ་བ་སྐྱེད་པའི་བྱེད་ལས་ཅན་ཡིན། ཕོ་མོ་གཉིས་སྦྱོར་བ་བྱས་པའི་སྟོབས་ཀྱིས་རང་རང་གི་ལྟེ་བའི་ནང་གི་གཏུམ་མོ་ཟེར་བ་ཁྲག་དྭངས་མ་ཚ་བའི་རང་བཞིན་ཅན་དེ་རྩ་ཡི་ནང་ལ་ཞུགས་པའི་རྐྱེན་གྱིས་རྩའི་ནང་གི་ཐིག་ལེ་དཀར་པོ་བཞུ་བས་སྐྱེས་པ་ཕོ་ལ་བདེ་བ་སྐྱེ་བ་ཡིན། དམར་པོ་བཞུ་བས་བུད་མེད་ལ་བདེ་བ་སྐྱེ་བ་ཡིན། རྫོགས་རིམ་གྱི་རྟོགས་པ་ཐོབ་པ་རྣམས་ཀྱིས་བསྒོམ་གྱི་སྟོབས་ཀྱིས་རོ་མ་དང་རྐྱང་མའི་རླུང་རྩ་དབུ་མར་ཞུགས་གནས་ཐིམ་གསུམ་བྱས་པའི་རྐྱེན་གྱིས་ལྟེ་བའི་གཏུམ་མོའི་མེ་འམ་ཚ་བའི་རང་བཞིན་གྱི་དྲོད་དེ་རྩ་དབུ་མའི་ནང་དུ་འབར་བས་དེའི་རྐྱེན་གྱི་རྩ་དབུ་མའི་ནང་གི་ཐིག་ལེ་བཞུ་ནས་བདེ་བ་སྐྱེད། དེ་འདྲའི་བདེ་བ་དེ་ལ་བདེ་བ་ཆེན་པོ་ཟེར། ཕྱག་ཆེན་ལ་བདེ་སྟོང་ཟུང་འཇུག་ཟེར་བའི་བདེ་བ་དེ་ཡང་གོང་གི་བདེ་བ་དེ་ཡིན། དེ་འདྲའི

བདེ་བ་ཆེན་པོ་དེ་ལ། ཕྱག་ཆེན་རྩ་བ་ལས། བླ་མེད་རྒྱུད་སྡེའི་ཡང་སྙིང་ཡིན། །ཞེས་གསུངས་པ་རེད། ཐིག་ལེ་ལ་རགས་པ་དང་ཕྲ་བ་དང་ཤིན་ཏུ་ཕྲ་བ་དང་གསུམ་ཡོད་པའི་དང་པོ་ནི་རྩ་རོ་རྐྱང་གཉིས་ཀྱི་ནང་གི་ཐིག་ལེ་དང་། གཉིས་པ་ནི་དབུ་མའི་ནང་གི་ཐིག་ལེ་སྤྱི་དང་། གསུམ་པ་ནི་སྙིང་ཁའི་དབུ་མའི་ནང་གི་དབུས་སུ་མི་ཞིག་པའི་ཐིག་ལེ་ཟེར་བ་ཞིག་ཡོད་པ་དེ་ཡིན། ཐིག་ལེ་ལ་བྱང་སེམས་ཡང་ཟེར། སྐབས་འདིར་བྱང་སེམས་ནི་བདེ་བ་ཆེན་པོ་དང་། ཐིག་ལེ་དེའི་རྒྱུ་ཡིན་པས་འབྲས་བུའི་མིང་རྒྱུ་ལ་བཏགས་པ་རེད། སྐབས་འདིར་རླུང་ནི་རྩ་ཡི་ནང་གི་ཡང་ཞིང་གཡོ་བའི་རང་བཞིན་ཅན་བྱེད་ལས་སེམས་ཀྱི་བཞོན་པ་བྱེད་པ་དེ་ཡིན། དེ་ལ་རྩ་བའི་རླུང་ལྔ་དང་ཡན་ལག་གི་རླུང་ལྔ་སྟེ་བཅུ་ཡོད། དེ་ལྟར་རྒྱས་པར་རྟོགས་རིམ་གྱི་འཁྲིད་ཡིག་རྣམས་ལས་ཤེས་དགོས། རྩ་ནང་གི་རླུང་ནི་ཕྲ་བའི་རླུང་ཡིན་ཞིང་། དེ་དག་མེད་ན་སེམས་ཀྱི་བྱ་བ་བྱེད་མི་ནུས་པ་ཡིན། སེམས་ཡུལ་ལ་གཡོ་བ་ནི་རླུང་གིས་བྱེད་པ་ཡིན། དཔེར་ན་ང་ཚོའི་

སེམས་འདིས་ནམ་མཁའི་ཟླ་བ་བསམས་པའི་ཚེ་སེམས་དེ་ཟླ་བའི་སྟེང་དུ་སླེབས་པ་ཡིན། དེ་སེམས་འདིའི་བཞོན་པའི་རླུང་དེ་ཡིས་སྐྱོབས་ཀྱིས་ཡིན། སེམས་ཁོ་རང་ནི་རྐང་མེད་མིག་ལྡན་ལྟ་བུ་ཞིག་རེད། ང་ཚོས་རླུང་གི་རྣལ་འབྱོར་ལ་བརྟེན་ནས་ང་ཚོའི་རྩ་ནང་གི་རླུང་དག་པ་ན་ང་ཚོའི་སེམས་དག་པ་ཡིན། སེམས་ཆ་ཚང་དག་ན་ང་ཚོ་སངས་རྒྱས་པ་ཡིན། གསང་སྔགས་ཀྱི་ཉམས་ལེན་རྣམ་དག་བྱས་ན་སངས་རྒྱས་ཐོབ་དཀའ་བ་མ་ཡིན། རྒྱལ་བ་དབེན་ས་པ་དང་། ཁོང་གི་སློབ་མ་མང་པོས་དགེ་ལྡན་སྙན་བརྒྱུད་ཀྱི་མན་ངག་ལ་བརྟེན་ནས་དཀའ་སྤྱད་དང་སྡུག་རུས་མ་དགོས་པར་ཚེ་ཐུང་འདི་ཉིད་ལ་ཟུང་འཇུག་སངས་རྒྱས་ཀྱི་གོ་འཕང་ཐོབ་པའི་ལོ་རྒྱུས་རྣམས་དངོས་ཡོད་ཡིན། རྩ་རླུང་ཐིག་ལེ་རྣམས་ལ་རྡོ་རྗེའི་ལུས་ཟེར། དེ་དག་ང་ཚོའི་ལུས་དངོས་མ་མིན་ཡང་ལུས་ཀྱི་ཆ་ཤས་ཡིན་པས་ལུས་ཞེས་བརྗོད་པ་ཡིན། རྡོ་རྗེ་ནི་སྐབས་འདིར་བདེ་བ་ཆེན་པོ་དང་རྩ་རླུང་ཐིག་ལེ་རྣམས་ཀྱི་བདེ་བ་ཆེན་པོ་བསྐྱེད་པའི་རྒྱུ་བྱེད་པས་དེ་དག་ལ་རྡོ་རྗེའི་

ལུས་ཞེས་འབྲས་བུའི་མིང་རྒྱུ་ལ་བཏགས་པ་རེད། རྩ་རོ་རྐྱང་ནང་རྒྱུ་བའི་རླུང་ནི་བདག་འཛིན་གྱི་སེམས་ཀྱི་བཞོན་པ་ཡིན་པས་སྤང་བྱ་ཡིན། སྦྱོང་ལུགས་ནི་དེ་དབུ་མར་ཐིམ་པའི་སྟོབས་ཀྱིས་སྦྱོང་བ་ཡིན། རྩ་དབུ་མའི་ནང་གི་རླུང་ལ་ཡེ་ཤེས་ཀྱི་རླུང་ཟེར། དེ་ལྟར་རྩ་རླུང་ཐིག་ལེའི་ངོ་སྤྲོད་མདོར་བསྡུས་ཤིག་བཤད་ཟིན་ནས། དེ་ནས་རྡོ་རྗེའི་ལུས་རྩ་རླུང་ཐིག་ལེ་ལ་གནད་དུ་བསྣུན་ཚུལ་གང་ཡིན་ཞེ་ན། དེ་ནི་སྐབས་འདིར་རྩ་དབུ་མ་དང་མི་ཞིག་པའི་ཐིག་ལེ་དང་མི་ཞིག་པའི་རླུང་བཅས་བསྒོམ་པའི་དོན་ཡིན། དེས་ན་འདི་ལ་གསུམ། རྩ་ཡི་རྣལ་འབྱོར་རྩ་དབུ་མ་བསྒོམ་པ། ཐིག་ལེའི་རྣལ་འབྱོར་མི་ཞིག་པའི་ཐིག་ལེ་བསྒོམ་པ། རླུང་གི་རྣལ་འབྱོར་མི་ཞིག་པའི་རླུང་སེམས་བསྒོམ་པའོ། །དང་པོ་རྩ་ཡི་རྣལ་འབྱོར་རྩ་དབུ་མ་ཇི་ལྟར་བསྒོམ་ཚུལ་ནི། ཐོག་མར་རྩ་དབུ་མའི་ངོ་བོ་དང་ཁྱད་ཆོས་སོགས་གོང་དུ་ཇི་ལྟར་བཤད་པ་རྣམས་ཞིབ་ཏུ་བསམ། དེ་ཡང་ལན་རེ་གཉིས་ཙམ་མ་ཡིན་པར་ཉིན་རེ་བཞིན་དུ་ཡང་ཡང་བསམས་པའི་སྟོབས

ཀྱིས་རྩ་དབུ་མའི་རྣམ་པ་གསལ་པོར་འཆར་བ་ན། དེ་ནས་རང་སེམས་སྙིང་ཁའི་ཐད་ཀྱི་དབུ་མའི་ནང་དུ་བཞུགས་པ་ལྟ་བུ་བྱས་ཏེ་སྙིང་ཁའི་ཐད་ཀྱི་དབུ་མ་ལ་སེམས་གཏད་དེ་དེ་ཉིད་མ་བརྗེད་པར་རྩེ་གཅིག་ཏུ་བསྒོམ། ཉིན་རེ་བཞིན་དུ་དེ་ལྟར་ཡང་ཡང་བསྒོམས་པས་བསྒོམ་དེ་ལ་གོམས་པ་ཅུང་ཟད་ཐོབ་པ་ན་སྙིང་ཁའི་རྩ་དབུ་མ་ལ་དམིགས་པའི་སེམས་གནས་དང་པོ་ཐོབ། དེ་ནས་གོམས་པ་རིམ་གྱིས་ཇེ་ཆེར་གྱུར་པ་ན་སེམས་གནས་གཉིས་པ་ལ་སོགས་པ་ཐོབ། གང་ལྟར་སེམས་གནས་བཞི་པའི་ཏིང་ངེ་འཛིན་མ་ཐོབ་བར་དུ་འབད་དགོས་སོ། །སྙིང་ཁའི་དབུ་མ་ལ་དམིགས་པའི་སེམས་གནས་བཞི་པ་ཐོབ་པ་ན། རྩ་རོ་རྐྱང་གི་རླུང་དབུ་མར་ཞུགས་པ་དང་གནས་པ་དང་ཐིམ་པའི་རྟགས་རྣམས་འཆར་ཞིང་། དབུ་མའི་ནང་གི་ཐིག་ལེ་བཞུ་བའི་བདེ་བ་ཆེན་པོ་བསྐྱེད་ཅིང་དེ་འདྲའི་བདེ་བ་དེ་རྫོགས་རིམ་གྱི་རྟོགས་པ་དང་པོ་ཡིན། འོན་རྩ་དབུ་མ་བསྒོམ་པ་ཙམ་གྱིས་ཆོག་གམ་ཞེ་ན། མི་ཆོག་སྟེ་བསྒོམ་སྟོབས་ཀྱིས་རོ་རྐྱང་གི་རླུང་རྩ་དབུ

མར་ཐིམ་ཚུལ་ལ་རིམ་པ་གསུམ་ཡོད། འདིའི་རླུང་གི་ཉུང་ཤས་ཤིག་ཐིམ་པ་དང་། དེ་ལས་མང་བ་ཐིམ་པ་དང་། ཐམས་ཅད་ཐིམ་པ་བཅས་སོ། །དེའི་དང་པོ་ནི། རྩ་དབུ་མ་བསྒོམས་པ་ལས་གྲུབ། གཉིས་པ་ནི། མི་ཤིག་པའི་ཐིག་ལེ་བསྒོམས་པ་ལས་གྲུབ། གསུམ་པ་ནི། མི་ཤིག་པའི་རླུང་སེམས་བསྒོམས་པ་ལས་གྲུབ་པ་ཡིན། མི་ཤིག་པའི་རླུང་སེམས་བསྒོམས་པའི་སྟོབས་ཀྱིས་ང་ཚོའི་རོ་རྐྱང་གི་རླུང་ཐམས་ཅད་རྩ་དབུ་མར་ཐིམ་ནས་གཏན་དུ་དག་ན་ང་ཚོའི་སེམས་ཐམས་ཅད་གཏན་དུ་དག་པ་ཡིན། དེ་དག་ནརང་ཉིད་སངས་རྒྱས་པ་ཡིན། དེའི་རྒྱུ་མཚན་ནི་རོ་རྐྱང་གི་རླུང་དེ་མ་དག་པའི་སེམས་ཀྱི་བཞོན་པ་ཡིན་པས་དེ་གཏན་དུ་དག་ན་སེམས་མ་དག་པ་གཏན་དུ་དག་པ་ཡིན་པས་སོ། ད་ནི་ཐིག་ལེའི་རྣལ་འབྱོར་མི་ཤིག་པའི་ཐིག་ལེ་ཇི་ལྟར་བསྒོམ་ཚུལ་ནི། སྙིང་ཁའི་རྩ་འཁོར་གྱི་རྩ་དབུ་མའི་ནང་དུ་ཐིག་ལེ་སྟེང་དཀར་ལ་འོག་དམར་བ་སྲན་མ་འབྲིང་པོའི་ཚད་ཙམ་ཤིན་ཏུ་དྭངས་ཤིང་འོད་འཚེར་བ་ཞིག་ཡོད་པ་དེ་ལ་མི་ཤིག

པའི་ཐིག་ལེ་ཟེར། ཐིག་ལེ་དེ་ལ་ཆ་གཉིས་ཡོད་པ་སྙིང་གི་དཀར་ཆ་དང་འོག་གི་དམར་ཆ་གཉིས་རང་རེ་ཤི་བའི་ཚེ་མ་གཏོགས་ནམ་ཡང་མི་ཞིག་པ་སྟེ་སོ་སོར་མི་དབྱེ་བས་ན་ཐིག་ལེ་དེ་ལ་མི་ཞིག་པའི་ཐིག་ལེ་ཟེར། རང་ཅག་ཤི་བའི་ཚེ་རོ་རྐྱང་གི་རླུང་ཐམས་ཅད་ལས་ཀྱིས་སྐྱོབས་ཀྱིས་སྙིང་ཁའི་མི་ཞིག་པའི་ཐིག་ལེ་དེ་ལ་ཐིམ་པའི་རྐྱེན་གྱིས་ཐིག་ལེ་འདིའི་དཀར་ཆ་དང་དམར་ཆ་གཉིས་སོ་སོར་དབྱེ་བ་ལ་བརྟེན་ནས་རང་ཅག་གི་ཤིན་ཏུ་ཕྲ་བའི་རྣམ་པར་ཤེས་པ་ཐིག་ལེ་འདིའི་ནང་ནས་ཐོན་ཏེ་སྐྱེ་བ་ཕྱི་མ་ལ་འགྲོ་བ་ཡིན། མི་ཞིག་པའི་ཐིག་ལེ་དེ་བསྒོམ་ཚུལ་དངོས་ནི། བསྒོམ་འདིའི་དམིགས་རྟེན་ནི་གོང་དུ་བཤད་པའི་མི་ཞིག་པའི་ཐིག་ལེ་དེ་ཉིད་ཡིན་ཞིང་། དམིགས་རྟེན་རྙེད་པའམ་གསལ་པོར་འཆར་བའི་ཆེད་དུ་འདི་ལྟར་བསམ་པར་བྱ་སྟེ་མི་ཞིག་པའི་ཐིག་ལེ་དེ་ཉིད་གང་དུ་ཡོད་པའི་གནས་ནི་སྙིང་ཁའི་རྩ་འཁོར་གྱི་དབུ་མའི་ནང་ཡིན། དེའི་ངོ་བོ་ནི་ཐིག་ལེ་དེའི་དམར་ཆ་ནི་ཁྲག་དྭངས་མའི་རང་བཞིན་དང་། དཀར་ཆ་ནི་ཐིག་ལེ

དྭངས་མའི་རང་བཞིན་ཡིན། ཚེ་རྒྱུད་ནི་སྲིན་མ་འབྲིང་པོའི་ཚད་ཙམ་དེ་ཡང་ཤིན་ཏུ་ཕྲ་བའི་རྣམ་ཤེས་གང་དུ་གནས་པའི་གནས་ཁང་ལྟ་བུ་ངོ་བོ་ནི་ཤིན་ཏུ་དྭངས་ཤིང་གསལ་བ་ཞིག་ཡིན། དེའི་བྱེད་ལས་ནི་ཐིག་ལེ་དེ་ཉིད་བསྒོམ་ན་འོད་གསལ་གྱི་སེམས་མངོན་དུ་འགྱུར་བའི་རྒྱུ་བྱེད་པ་ཡིན་སྙམ་དུ་ཡང་ཡང་བསམ་པར་བྱ། དེ་ལྟར་ཉིན་རེ་བཞིན་དུ་ཡང་ཡང་བསམས་པ་གོམས་པའི་སྟོབས་ཀྱིས་དམིགས་རྟེན་མི་ཞིག་པའི་ཐིག་ལེ་དེའི་རྣམ་པའམ་དོན་སྤྱི་འཆར་བ་ན་བསྒོམ་གྱི་དམིགས་རྟེན་རྙེད་པ་ཡིན། དེ་ནས་རང་སེམས་སྙིང་ཁའི་རྩ་འཁོར་གྱི་དབུ་མའི་ནང་དུ་ཞུགས་པ་ལྟ་བུ་བྱས་ནས་སེམས་མི་ཞིག་པའི་ཐིག་ལེ་ལ་གཏད་དེ་དེ་ཉིད་མ་བརྗེད་པར་རྩེ་གཅིག་ཏུ་འཛིན་ཏེ་སྒོམས། དམིགས་རྟེན་བརྗེད་ན་ལམ་སང་དྲན་པར་བྱས་ཏེ་སྒོམས། ཉིན་རེ་བཞིན་དེ་ལྟར་ཡང་ཡང་བསྒོམས་པས་བསྒོམ་དེ་ལ་གོམས་པ་ཅུང་ཟད་ཐོབ་པ་ན་མི་ཞིག་པའི་ཐིག་ལེ་ལ་དམིགས་པའི་སེམས་གནས་དང་པོ་ཐོབ། དེ་ནས་རིམ་གྱིས་གོམས་པ་ཇི་ཆེར་

གྱུར་བ་ན་སེམས་གནས་གཉིས་པ་ལ་སོགས་པ་འཐོབ་ཅིང་། གང་ལྟར་མི་ཞིག་པའི་ཐིག་ལེ་ལ་དམིགས་པའི་སེམས་གནས་བཞི་པའི་ཏིང་ངེ་འཛིན་མ་ཐོབ་བར་དུ་འབད་དགོས། སེམས་གནས་བཞི་པ་འདི་ཐོབ་ན། ང་ཚོར་མི་ཞིག་པའི་ཐིག་ལེ་ལ་དམིགས་པའི་ཏིང་ངེ་འཛིན་ཤིན་ཏུ་གཏན་པ་དང་དྲན་པ་སྟོབས་ཆེ་བ་ཡོད་པས་ཐུན་ཡོངས་རྫོགས་ཀྱི་སྐབས་སུ་དམིགས་རྟེན་མ་བརྗེད་པར་ཏིང་ངེ་འཛིན་ལ་རྩེ་གཅིག་ཏུ་གནས་ཐུབ་པ་ཡིན། དེའི་སྟོབས་ཀྱིས་རྩ་རོ་རྐྱང་གི་རླུང་རྩ་དབུ་མར་ཞུགས་པ་དང་། གནས་པ་དང་། ཐིམ་པའི་རྟགས་སྨིག་རྒྱུ་ནས་འོད་གསལ་གྱི་བར་སྔར་རྩ་དབུ་མ་བསྒོམས་པའི་སྟོབས་ཀྱིས་ཐོབ་པ་ལས་ཆེས་ལྷག་པ་ཐོབ་པ་ཡིན། འོན་ཀྱང་ད་དུང་སྙིང་ཁའི་རྩ་མདུད་མ་གྲོལ་བར་དུ་འོད་གསལ་མཐར་ཐུག་གི་རྟོགས་པ་མི་སྐྱེ་བས་སྙིང་ཁའི་རྩ་མདུད་གྲོལ་བའི་ཆེད་དུ་རླུང་གི་རྣལ་འབྱོར་མི་ཞིག་པའི་རླུང་བསྒོམ་དགོས། དེ་ཇི་ལྟར་བསྒོམ་ཚུལ་ནི་མི་ཞིག་པའི་རླུང་ནི་ཤིན་ཏུ་ཕྲ་བའི་སེམས་ཀྱི་བཞོན་པའི་རླུང་དེ་ཡིན། རླུང་

དེ་ཉིད་ཤིན་ཏུ་ཕྲ་བའི་སེམས་དང་ནམ་ཡང་མི་ཞིག་པ་སྟེ་ནམ་ཡང་སོ་སོར་མི་འབྲེད་པར་ཡིན་པས་དེ་ལ་མི་ཞིག་པའི་རླུང་ཟེར། དེ་ནི་ཤིན་ཏུ་ཕྲ་བའི་རླུང་ཡང་ཡིན། མི་ཞིག་པའི་རླུང་དེ་ལ་གཉུག་མའི་རླུང་ཡང་ཟེར། དེའི་རྒྱུ་མཚན་ནི་རླུང་དེ་གཏན་ཆགས་ཀྱི་རླུང་ཡིན་པས་དེ་ལ་གཉུག་མའི་རླུང་ཟེར། རྩ་ནང་དུ་རྒྱུ་བའི་རླུང་གཞན་ཐམས་ཅད་གནས་སྐབས་ཀྱི་རླུང་ཡིན། དཔེར་ན་ང་ཚོ་ཤི་བའི་ཚེ་རྩ་ནང་དུ་རྒྱུ་བའི་རླུང་གཞན་ཐམས་ཅད་འགགས་ནས་མེད་པར་གྱུར་བ་ཡིན། མི་ཞིག་པའི་རླུང་ནི་མེད་པར་མི་གྱུར་བར་ང་ཚོ་དང་མཉམ་དུ་སྐྱེ་བ་ཕྱི་མ་ལ་འགྲོ་ཞིང་། སངས་རྒྱས་མ་ཐོབ་བར་དུ་ང་ཚོའི་རྒྱུད་ལ་གནས་ནས་ང་ཚོ་སངས་རྒྱས་པ་ན་རླུང་དེ་སངས་རྒྱས་ཀྱི་གཟུགས་ཀྱི་སྐུར་གྱུར་བ་ཡིན། རྒྱུ་མཚན་དེས་ན། མི་ཞིག་པའི་རླུང་འདི་ནི་སངས་རྒྱས་ཀྱི་རིགས་ཡིན། རྒྱས་གྱུར་གྱི་རིགས་ཟེར་བ་དེ་ཡིན། མི་ཞིག་པའི་རླུང་དང་མི་ཞིག་པའི་སེམས་སམ། ཤིན་ཏུ་ཕྲ་བའི་སེམས་གཉིས་ངོ་བོ་གཅིག་ཡིན་པས་དེ་གཉིས་ཚོགས་པ་དེ་ལ་མི་

ཞིག་པའི་རླུང་སེམས་ཟེར། མི་ཞིག་པའི་སེམས་དེ་ལ་གཉུག་མའི་སེམས་ཟེར། རང་ཅག་ཤི་བའི་ཚེ་སེམས་གཞན་ཐམས་ཅད་དགག་ནས་མེད་པར་གྱུར་ཞིང་། མི་ཞིག་པའི་སེམས་ནི་མེད་པར་མི་གྱུར་བས་རང་ཅག་དང་མཉམ་དུ་སྐྱེ་བ་ཕྱི་མ་ལ་འགྲོ་ཞིང་སངས་རྒྱས་མ་ཐོབ་བར་དུ་རང་ཅག་གི་རྒྱུད་ལ་གནས་ནས། སངས་རྒྱས་པ་ན་སེམས་དེ་སངས་རྒྱས་ཀྱི་སེམས་ཆོས་སྐུར་གྱུར་བ་ཡིན། དེ་འདྲ་ཡིན་ཙང་མི་ཞིག་པའི་སེམས་དེ་ཡང་སངས་རྒྱས་ཀྱི་རིགས་ཡིན། མི་ཞིག་པའི་རླུང་གི་སྟོང་ཉིད་དང་མི་ཞིག་པའི་སེམས་ཀྱི་སྟོང་ཉིད་ནི་སངས་རྒྱས་ཀྱི་རིགས་རང་བཞིན་གནས་རིགས་ངོ་མ་ཡིན། རང་བཞིན་གནས་རིགས་ཀྱི་དོན་ངོ་མ་གསང་སྔགས་བླ་མེད་ཀྱི་གཞུང་ནས་ཤེས་དགོས་པ་ཡིན། མི་ཞིག་པའི་རླུང་དེ་ལ་གཉུག་མའི་ལུས་ཟེར། དེ་ང་ཚོའི་ལུས་ངོ་མ་ཡིན། ད་ལྟའི་ལུས་རགས་པ་འདི་ནི་ང་ཚོའི་ཕ་མའི་ལུས་ཀྱི་ཆ་ཤས་ཡིན་པས་ང་ཚོའི་ལུས་ངོ་མ་མིན། མི་ཞིག་པའི་ལུས་ནི་ནམ་ཡང་ཤི་བ་མི་སྲིད་པས་ང་ཚོའི་གདན་ཆགས་ཀྱི་ལུས་

ཡིན། མི་ཞིག་པའི་སེམས་འདི་ཡང་གཏན་ཚགས་ཡིན་པས་དེ་ལ་སྟུགས་མའི་སེམས་ཟེར་བ་ཡིན། མི་ཞིག་པའི་རླུང་དེས་སེམས་ཅན་རྣམས་ལ་བར་དོའི་ལུས་དང་རྨི་ལམ་གྱི་ལུས་ཀྱི་རྒྱུ་བྱེད། རྫོགས་རིམ་གྱི་རྟོགས་པ་ཐོབ་པ་རྣམས་ལ་སྒྱུ་ལུས་ཀྱི་རྒྱུ་བྱེད། སངས་རྒྱས་པ་རྣམས་ལ་སངས་རྒྱས་ཀྱི་གཟུགས་ཀྱི་སྐུའི་རྒྱུ་བྱེད་པ་ཡིན། དེ་ལྟར་མི་ཞིག་པའི་རླུང་དང་སེམས་ཀྱི་ངོ་སྤྲོད་མདོར་བསྡུས་བཤད་ནས་དེ་ནས་མི་ཞིག་པའི་རླུང་དེ་བསྒོམ་ཚུལ་དངོས་ནི། བསྒོམ་དེའི་དམིགས་རྟེན་ནི་གོང་དུ་བཤད་པའི་མི་ཞིག་པའི་རླུང་སེམས་དེ་ཉིད་ཡིན་ཞིང་། དམིགས་རྟེན་དེ་ཉིད་རྙེད་པའམ་གསལ་པོར་འཆར་བའི་ཆེད་དུ་འདི་ལྟར་བསམ་པར་བྱ་ཏེ་མི་ཞིག་པའི་རླུང་སེམས་དེ་གང་དུ་ཡོད་པའི་གནས་ནི་སྙིང་ཁའི་རྩ་འཁོར་གྱི་དབུ་མའི་ནང་གི་མི་ཞིག་པའི་ཐིག་ལེའི་ནང་ཡིན། དེའི་ངོ་བོ་ནི་མི་ཞིག་པའི་རླུང་དང་མི་ཞིག་པའི་སེམས་ཚོགས་པ་དེ་ཡིན། དེའི་བྱེད་ལས་ནི་འཁོར་བ་དང་མྱང་འདས་གཉིས་ཀའི་གཞི་རྟེན་བྱེད་ཅིང་། དེ་ཉིད་བསྒོམ་ན་

སྙིང་ཁའི་རྩ་མདུད་གྲོལ་བའི་རྒྱུ་བྱེད་པ་ཡིན་སྙམ་དུ་ཡང་ཡང་བསམ་པར་བྱ། དེ་ལྟར་ཉིན་རེ་བཞིན་དུ་ཡང་ཡང་བསམ་པ་གོམས་པའི་སྟོབས་ཀྱིས་དམིགས་རྟེན་མི་ཞིག་པའི་རླུང་སེམས་དེའི་རྣམ་པའམ་དོན་སྤྱི་འཆར་བ་ན་བསྒོམ་གྱི་དམིགས་རྟེན་རྙེད་པ་ཡིན། དེ་ནས་འདི་ལྟར་བསམས་སྟེ་སྙིང་ཁའི་རྩ་འཁོར་གྱི་དབུ་མའི་ནང་གི་མི་ཞིག་པའི་ཐིག་ལེའི་ནང་དུ་རང་གི་མི་ཞིག་པའི་རླུང་སེམས་དེ་ཉིད་ཆེ་ཆུང་ནས་འབྲུའི་ཚད་ཙམ་གྱི་ཧཱུྃ་ཡིག་དཀར་ལ་དམར་བའི་མདངས་ཅན་དུ་ཡོད་ཅིང་། དེ་ཡང་བླ་མ་ཧེ་རུ་ཀ་དངོས་རང་ཡིན་སྙམ་དུ་ཤུགས་ཆེར་བསམས། དེ་ནས་རང་གི་སེམས་ཧཱུྃ་ཡིག་དེ་ལ་ཞུགས་པ་ལྟ་བུར་བྱས་ནས་སེམས་མི་ཞིག་པའི་ཐིག་ལེའི་ནང་དུ་མི་ཞིག་པའི་རླུང་སེམས་ཧཱུྃ་ཡིག་གི་རྣམ་པ་ཅན་དུ་ཡོད་པ་ལ་གཏད་དེ་དེ་ཉིད་མ་བརྗེད་པར་རྩེ་གཅིག་ཏུ་འཛིན་ཏེ་བསྒོམས། དམིགས་རྟེན་བརྗེད་ན་ལམ་སང་དྲན་པར་བྱས་ཏེ་སྒོམས། ཉིན་རེ་བཞིན་དུ་དེ་ལྟར་ཡང་ཡང་བསྒོམས་པས་བསྒོམ་དེ་ལ་གོམས་པ་ཅུང་ཟད་ཐོབ་པ་

ན་མི་ཞིག་པའི་རླུང་སེམས་ལ་དམིགས་པའི་སེམས་གནས་
དང་པོ་ཐོབ། དེ་ནས་རིམ་གྱིས་གོམས་པ་ཇི་ཆེར་གྱུར་བ་ན་
སེམས་གནས་གཉིས་པ་ལ་སོགས་པ་ཐོབ་ཅིང་། སེམས་
གནས་བཞི་པའི་ཏིང་ངེ་འཛིན་མ་ཐོབ་བར་དུ་འབད་དགོས།
མི་ཞིག་པའི་རླུང་སེམས་ལ་དམིགས་པའི་སེམས་གནས་
བཞི་པའི་ཏིང་ངེ་འཛིན་ཐོབ་པ་ན་རྩ་རོ་རྐྱང་གི་རླུང་རྩ་དབུ་
མར་ཞུགས་པ་དང་གནས་པ་དང་ཐིམ་པའི་རྟགས་རྣམས་
སྔར་མི་ཞིག་པའི་ཐིག་ལེ་བསྒོམས་པའི་སྟོབས་ཀྱིས་ཐོབ་པ་
ལས་ཆེས་ལྷག་པ་ཐོབ་པ་ཡིན། འོ་ན་རོ་རྐྱང་གི་རླུང་དབུ་
མར་ཞུགས་གནས་ཐིམ་གསུམ་བྱས་པའི་རྟགས་གང་ཡིན་
ཞེ་ན། ཞུགས་པའི་རྟགས་ནི་སྣ་བུག་གཉིས་ནས་རླུང་མཉམ་
པར་རྒྱུ་ཞིང་དེ་ཡང་ཤེད་མཚུངས་སུ་ངེས་ཅན་དུ་བྱུང་བ་དེ་
ཡིན། རླུང་དབུ་མར་ཞུགས་པ་དེ་དབུ་མའི་ནང་དུ་གནས་
པའི་རྟགས་ནི་སྣ་བུག་གཉིས་ནས་རླུང་གི་རྒྱུ་བ་ཆད་པའམ་
འགགས་སྟེ་ལྟོ་བ་ཡང་མི་འགུལ་བ་དེ་ཡིན། རླུང་དབུ་མར་
ཐིམ་པའི་རྟགས་ལ་བརྒྱད་ཡོད། སྨིག་རྒྱུ་ནས་འོད་གསལ་

འཆར་བའི་བར་དུའོ། །འདིའི་སྐབས་སུ་རླུང་མི་འདྲ་བ་བདུན་རིམ་གྱིས་དབུ་མར་ཐིམ་པ་ཡིན། དེ་དག་ཀྱང་ས་ཁམས་ཀྱི་རླུང་། ཆུ་ཁམས་ཀྱི་རླུང་། མེ་ཁམས་ཀྱི་རླུང་། རླུང་ཁམས་ཀྱི་རླུང་། སྣང་བ་དཀར་ལམ་པའི་སེམས་ཀྱི་བཞོན་པའི་རླུང་། མཆེད་པ་དམར་ལམ་པའི་སེམས་ཀྱི་བཞོན་པའི་རླུང་། ཉེར་ཐོབ་ནག་ལམ་པའི་སེམས་ཀྱི་བཞོན་པའི་རླུང་བཅས་ཡིན། ས་ཁམས་ཀྱི་རླུང་ཐིམ་པའི་རྟགས་སུ་སྨིག་རྒྱུ་ལྟ་བུའི་ཆུའི་སྣང་བ་འཆར། ཆུ་ཁམས་ཀྱི་རླུང་ཐིམ་པའི་རྟགས་སུ་དུ་བ་ལྟ་བུའི་སྣང་བ་འཆར། མེ་ཁམས་ཀྱི་རླུང་ཐིམ་པའི་རྟགས་སུ་མཁའ་སྣང་མེ་འཁྱེར་ལྟ་བུའི་སྣང་བ་འཆར། རླུང་ཁམས་ཀྱི་རླུང་ཐིམ་པའི་རྟགས་སུ་མར་མེ་ལྟར་འབར་བའི་སྣང་བ་འཆར་ཞིང་དེའི་རྗེས་སུ་སྣང་བ་དཀར་ལམ་པའི་སྣང་བ་འཆར། སྣང་བ་དཀར་ལམ་པའི་སེམས་ཀྱི་བཞོན་པའི་རླུང་ཐིམ་པའི་རྟགས་སུ་མཆེད་པ་དམར་ལམ་པའི་སྣང་བ་འཆར། མཆེད་པ་དམར་ལམ་པའི་སེམས་ཀྱི་བཞོན་པའི་རླུང་ཐིམ་པའི་རྟགས་སུ་ཉེར་ཐོབ་ནག་

ལམ་པའི་སྣང་བ་འཆར། ཉེར་ཐོབ་ནག་ལམ་པའི་སེམས་ཀྱི་བཞོན་པའི་རླུང་ཐིམ་པའི་རྟགས་སུ་འོད་གསལ་འཆར་བ་བཅས་ཡིན། འོད་གསལ་ནི་ཤིན་ཏུ་ཕྲ་བའི་སེམས་མངོན་གྱུར་པ་ཡུལ་སྟོང་ཉིད་སྣང་བ་དེ་ཡིན། དེ་ལ་འོད་གསལ་ཟེར་བའི་རྒྱུ་མཚན་ནི་སྐབས་འདིར་འོད་གསལ་ངོ་མ་ནི་སྟོང་ཉིད་འདི་ཡིན། འོད་གསལ་གྱི་སེམས་དེ་སྟོང་ཉིད་དང་དབྱེར་མི་འབྱེད་པ་ཡིན་པས་སེམས་དེ་ལའང་འོད་གསལ་ཞེས་བརྗོད་པ་ཡིན། མདོ་ལས། ཟབ་ཞི་སྤྲོས་བྲལ་འོད་གསལ་ཞེས་སྟོང་ཉིད་ལ་འོད་གསལ་ཞེས་བརྗོད་པས་སོ། རླུང་དབུ་མར་ཐིམ་པའི་རྟགས་ལྔ་པ་སྣང་བ་དཀར་ལམ་པའི་སྣང་བ་འཆར་བའི་ཚེ་རླུང་དང་སེམས་རགས་པ་ཐམས་ཅད་འགགས་པ་ཡིན། རྟགས་བརྒྱད་པ་འོད་གསལ་འཆར་བའི་ཚེ་རླུང་དང་སེམས་ཕྲ་བ་ཐམས་ཅད་འགགས་ནས་ཤིན་ཏུ་ཕྲ་བའི་སེམས་མངོན་དུ་གྱུར་པ་ཡིན། འོད་གསལ་གྱི་རྟོགས་པ་ལ་རིམ་པ་མང་པོ་ཞིག་ཡོད་པ་ནས་སྙིང་ཁའི་རྩ་མདུད་གྲོལ་བ་ལ་བརྟེན་ནས་ཐོབ་པའི་འོད་གསལ་དེ་འོད་

གསལ་མཐར་ཐུག་ཡིན། དེ་ལ་དཔེ་ཡི་འོད་གསལ་དང་དོན་གྱི་འོད་གསལ་གཉིས་ཡོད། སྟོང་ཉིད་དོན་སྤྱིའི་ཚུལ་གྱི་རྟོགས་པའི་འོད་གསལ་མཐར་ཐུག་གི་བདེ་བ་ཆེན་པོ་དེ་དཔེ་ཡི་འོད་གསལ་ཡིན། དེ་ཉིད་དཔེ་ལྟ་བུར་བྱས་ནས་ངེས་ཆོས་དོན་གྱི་འོད་གསལ་ཤེས་ཐུབ་པས་ན། དེ་ལ་དཔེ་ཡི་འོད་གསལ་ཞེས་བརྗོད་པ་ཡིན། དཔེ་ཡི་འོད་གསལ་གྱི་མཉམ་བཞག་དེ་ལས་ལངས་པ་ན་མ་དག་པའི་སྒྱུ་ལུས་ཐོབ། སྤྱིར་སྒྱུ་ལུས་ཀྱི་དོན་ནི་ཤིན་ཏུ་ཕྲ་བའི་རླུང་དམ་མི་ཤིག་པའི་རླུང་དེ་ཉིད་ཡི་དམ་གྱི་ལྷའི་སྐུའི་རྣམ་པར་གྱུར་བ་དེ་ཡིན། དེ་ཉིད་སྒྱུ་མ་མཁན་གྱིས་སྤྲུལ་པའི་ལུས་ལྟ་བུ་སྣང་ལ་རང་བཞིན་མེད་པ་ཡིན་པས་སྒྱུ་ལུས་སམ་སྒྱུ་མའི་ལུས་ཞེས་བརྗོད་པ་ཡིན། སྒྱུ་ལུས་དེ་ལ་མ་དག་པའི་སྒྱུ་ལུས་དང་དག་པའི་སྒྱུ་ལུས་གཉིས་ཡོད། དཔེ་ཡི་འོད་གསལ་གྱི་བཞོན་པའི་རླུང་དེ་ཉིད་ཡི་དམ་གྱི་ལྷའི་སྐུའི་རྣམ་པར་གྱུར་པ་དེ་མ་དག་པའི་སྒྱུ་ལུས་ཡིན། དེ་ལ་མ་དག་པ་ཞེས་བརྗོད་པའི་རྒྱུ་མཚན་ནི་དེ་ཐོབ་པའི་སྐབས་སུ་ཉོན་མོངས་མ་སྤངས་པས

དེ་ལྟར་བརྗོད་པ་ཡིན། དཔེའི་འོད་གསལ་མཐར་ཐུག་ཐོབ་པའི་གང་ཟག་དེས་སྟོང་པ་ཉིད་མུ་འཐུད་ཀྱིས་བསྒོམས་པའི་སྟོབས་ཀྱིས་ནམ་ཞིག་དེས་སྟོང་ཉིད་མངོན་སུམ་དུ་རྟོགས་པ་ན་དེའི་རྒྱུད་ཀྱི་སྟོང་ཉིད་མངོན་སུམ་དུ་རྟོགས་པའི་འོད་གསལ་མཐར་ཐུག་གི་བདེ་བ་ཆེན་པོ་དེ་དོན་གྱི་འོད་གསལ་ཡིན། བདེ་སྟོང་ཟུང་འཇུག་གི་ཕྱག་རྒྱ་ཆེན་པོ་ཡང་ཡིན། སྔགས་ལུགས་ཀྱི་མཐོང་ལམ་ཡང་ཡིན། དོན་གྱི་འོད་གསལ་གྱི་མཉམ་བཞག་དེ་ལས་ལངས་པ་ན་དག་པའི་སྒྱུ་ལུས་ཐོབ། དག་པའི་སྒྱུ་ལུས་ནི་དོན་གྱི་འོད་གསལ་གྱི་བཞོན་པའི་རླུང་དེ་ཉིད་ཡི་དམ་གྱི་ལྷའི་སྐུའི་རྣམ་པར་གྲུར་པ་དེ་ཡིན། དེ་ལ་དག་པ་ཟེར་བའི་རྒྱུ་མཚན་ནི་དེའི་སྐབས་སུ་ཉོན་མོངས་ཐམས་ཅད་སྤངས་པས་ཡིན། སྔགས་ལུགས་ལ་མཐོང་ལམ་གྱི་ཉོན་མོངས་ཀུན་བརྟགས་དང་ལྷན་སྐྱེས་གཉིས་ཀ་གཅིག་ཅར་དུ་སྤོང་ནུས་པ་ཡིན། མདོ་ལུགས་དང་མི་འདྲ་བ་ནི་སྔགས་ལུགས་ཀྱི་མཐོང་ལམ་མདོ་ལུགས་ཀྱི་མཐོང་ལམ་ལས་ཆེས་ལྷག་པ་ཡིན་པས་སོ། །དག་པའི་སྒྱུ་ལུས་ཐོབ་

པའི་གང་ཟག་དེས་སླར་ཡང་སྟོང་ཉིད་ལ་རྩེ་གཅིག་ཏུ་མཉམ་པར་བཞག་པ་ན། དོན་གྱི་དོན་གསལ་མངོན་དུ་གྱུར་ཞིང་དེའི་ཚེ་གང་ཟག་དེ་ལ་དོན་གྱི་འོད་གསལ་དང་དག་པའི་སྒྱུ་ལུས་ཟུང་དུ་འཇུག་པའི་ཟུང་འཇུག་གི་རྟོགས་པ་ཐོབ་པ་ཡིན། རྟོགས་པ་དེ་ལ་སློབ་པའི་ཟུང་འཇུག་ཟེར། དེ་ནས་ཡུན་མི་རིང་བར་སློབ་པའི་ཟུང་འཇུག་གི་ཡ་གྱལ་དག་པའི་སྒྱུ་ལུས་དེ་སངས་རྒྱས་ཀྱི་སྐུར་གྱུར་ཞིང་། དེའི་ཡ་གྱལ་དོན་གྱི་འོད་གསལ་དེ་སངས་རྒྱས་ཀྱི་སེམས་སུ་གྱུར་ནས་ཟུང་འཇུག་སངས་རྒྱས་ཀྱི་གོ་འཕང་ངམ་ཟུང་འཇུག་ཧེ་རུ་ཀའི་གོ་འཕང་ཐོབ་པ་ཡིན། སྤྱིར་བཏང་ཟུང་འཇུག་ཧེ་རུ་ཀའི་གོ་འཕང་ཞེས་པའི་ཟུང་འཇུག་དེ་སྣང་སྟོང་ཟུང་འཇུག་ལ་བྱེད་དགོས་པ་ཡིན། དེ་ཡང་ཧེ་རུ་ཀའི་རྟེན་དང་བརྟེན་པའི་དཀྱིལ་འཁོར་ཡོངས་རྫོགས་སྣང་བ་དང་ཆོས་ཐམས་ཅད་ཀྱི་སྟོང་ཉིད་སྟོང་པ་སྟེ། དེ་ལྟ་བུའི་སྣང་བ་དང་སྟོང་པ་གཉིས་དོན་ལ་གཉིས་མིན་པར་གཅིག་ཁོ་ན་ཡིན་པ་དེ་སྣང་སྟོང་ཟུང་འཇུག་ཡིན། འདི་ནི་ཤིན་ཏུ་ཟབ་ཅིང་ཕྲ་བས་མྱོང་

ཐོག་ནས་ཤེས་པ་ཤིན་ཏུ་དཀའ་འོ། །གཉིས་སྣང་དང་གཉིས་འཛིན་ཞེས་ཡོངས་སུ་གྲགས་པ་དེ་ཡང་སྣང་བ་དང་སྟོང་པ་ཉིད་གཉིས་སུ་ཡོད་པར་སྣང་བ་དང་འཛིན་པའི་སེམས་ལ་ཟེར་བ་ཡིན། དམིགས་བསལ་ཤེས་པར་བྱ་རྒྱུ་ཞིག་ལ་ཕྱག་ཆེན་འདིར་རྫོགས་རིམ་བསྒོམ་པའི་ཚེ་རྡོ་རྗེའི་ལུས་ལ་གནད་དུ་བསྣུན་ཚུལ་ལ་ལུགས་གཉིས་བྱུང་སྟེ། དང་པོ་ནི་ལྟེ་བའི་ཐད་ཀྱི་རྩ་དབུ་མ་དང་དེའི་ནང་གི་ཐིག་ལེ་གཏུམ་མོ་གཙོ་བོར་བསྒོམས་ནས་རྡོ་རྗེའི་ལུས་ལ་གནད་དུ་བསྣུན་པ་དེ་ཡིན། རྗེ་མི་ལ་སོགས་སྒོམ་ཆེན་པ་རྣམས་ཀྱི་ཀྱང་ལུགས་འདི་འཛིན་པ་ཡིན། གཉིས་པ་ནི་གོང་དུ་བཤད་པ་ལྟར་སྙིང་ཁའི་ཐད་ཀྱི་རྩ་དབུ་མ་དང་། དེའི་ནང་གི་མི་ཞིག་པའི་ཐིག་ལེ་དང་། མི་ཞིག་པའི་རླུང་སེམས་རྣམས་གཙོ་བོར་བསྒོམས་ནས་རྡོ་རྗེའི་ལུས་ལ་གནད་དུ་བསྣུན་པ་དེ་ཡིན། འདི་ནི་རྗེ་བླ་མའི་དགོངས་པ་གྲུབ་ཆེན་དྷརྨ་བཛྲ་ཡབ་སྲས་ནས་བརྒྱུད་པའི་ཐབས་མཁས་ཀྱི་མན་ངག་ཞིག་ཡིན། ལུགས་འདི་གཉིས་ཀྱི་ཁྱད་པར་ནི། ལྟེ་བའི་རྩ་དབུ

མ་དང་དེའི་ནང་གི་གཏུམ་མོ་བསྒོམས་པས་རླུང་དབུ་མར་ཞུགས་གནས་ཐིམ་གསུམ་བྱས་ཏེ་བདེ་ཆེན་འོད་གསལ་ཙམ་སྐྱེ་བ་ཡིན་ཡང་། བསྒོམ་དེ་ལ་སྙིང་ཁའི་རྩ་མདུད་གྲོལ་བར་བྱེད་པའི་ནུས་པ་མེད་པས་འོད་གསལ་མཐར་ཐུག་གི་རྟོགས་པ་སྐྱེད་པའི་ནུས་པ་མེད། འོད་གསལ་མཐར་ཐུག་གི་རྟོགས་པ་སྐྱེད་པའི་ཆེད་དུ་སྙིང་ཁའི་རྩ་མདུད་གྲོལ་བའི་ཐབས་གཞན་ལས་རྒྱ་ལ་སོགས་པ་འཚོལ་དགོས་པ་ཡིན། ལུགས་གཉིས་པའི་དགོངས་དོན་གོང་དུ་བཤད་པ་ལྟར་སྙིང་ཁའི་རྩ་དབུ་མ་དང་། དེའི་ནང་གི་མི་ཞིག་པའི་ཐིག་ལེ་དང་། མི་ཞིག་པའི་རླུང་སེམས་བསྒོམས་པས་བདེ་ཆེན་འོད་གསལ་སྐྱེ་བ་མ་ཟད། བསྒོམ་དེ་དག་གི་སྟོབས་ཀྱིས་སྙིང་ཁའི་རྩ་མདུད་གྲོལ་ཏེ་འོད་གསལ་མཐར་ཐུག་གི་རྟོགས་པ་ཡང་ཐོབ་པས་སྙིང་ཁའི་རྩ་མདུད་གྲོལ་བའི་ཆེད་དུ་ལས་རྒྱ་ལ་སོགས་པའི་ཐབས་གཞན་འཚོལ་མི་དགོས་ཤིང་། ཟུང་འཇུག་སངས་རྒྱས་ཀྱི་གོ་འཕང་ཤིན་ཏུ་མྱུར་བར་ཐོབ་ནུས་པ་བཅས་ཡིན། གོང་དུ་བཤད་པའི་མི་ཞིག་པའི་རླུང་སེམས

བསྒོམ་པ་འདི་ནི་བྱིན་བརླབ་ཀྱི་ནུས་པ་ཤིན་ཏུ་ཆེ་ཞིང་རླུང་ཐམས་ཅད་སྙིང་ཁའི་མི་ཤིག་པའི་ཐིག་ལེ་ལ་ཐིམ་ནས་སྙིང་ཁའི་རྩ་མདུད་གྲོལ་བར་བྱེད་པའི་ཐབས་མཁས་ཀྱི་མན་ངག་མཆོག་ཏུ་གྱུར་པ་ཡིན་པས་ཉམས་ལེན་འདི་འདྲ་བྱེད་རྒྱུའི་གོ་སྐབས་ཡོད་པ་ཤིན་ཏུ་ནས་སྐལ་བ་བཟང་བ་ཡིན།

མཐོང་བ་དོན་ལྡན་ཞེས་པ་དགེ་ལྡན་སྙན་བརྒྱུད་ཕྱག་རྒྱ་ཆེན་པོ་ལེགས་པར་བཤད་པ་འདི་ནི་ནུབ་ཕྱོགས་དབྱིན་ཡུལ་དུ་ཀལ་པ་བྷདྲ་སཱ་མུདྲ་མིང་གཞན་སྐལ་བཟང་རྒྱ་མཚོ་ཞེས་པས་སྦྱར་བ་དགེ་ལེགས་འཕེལ།། །།

རྒྱལ་བ་ཤཱཀྱ་ཐུབ་པ།

༄༅། །དགེ་ལྡན་སྙན་བརྒྱུད་ཕྱག་རྒྱ་ཆེན་པོའི་
སྔོན་འགྲོ་བླ་མའི་རྣལ་འབྱོར་དགའ་ལྡན་ལྷ་བརྒྱ་མ་
སྔགས་ལུགས་ལྟར་ཉམས་སུ་ལེན་ཚུལ་
བཞུགས་སོ། །

རྗེ་ཙོང་ཁ་པ་ཡབ་སྲས་དགའ་ལྡན་ནས་འཕོ་བ།

༄༅།། དགེ་ལྡན་སྙན་བརྒྱུད་ཕྱག་རྒྱ་ཆེན་པོའི་སྔོན་འགྲོ་བླ་མའི་རྣལ་འབྱོར་དགའ་ལྡན་ལྷ་བརྒྱ་མ་སྦྲགས་ལུགས་ལྟར་ཉམས་སུ་ལེན་ཚུལ།

༄། །དགེ་ལྡན་སྙན་བརྒྱུད་ཕྱག་རྒྱ་ཆེན་པོའི་སྔོན་འགྲོ་བླ་མའི་རྣལ་འབྱོར་དགའ་ལྡན་ལྷ་བརྒྱ་མ་སྦྲགས་ལུགས་ལྟར་ཉམས་སུ་ལེན་ཚུལ་ནི། མདུན་གྱི་ནམ་མཁར་ཛུ་བའི་བླ་མ་བླ་མ་བློ་བཟང་ཐུབ་དབང་ཧེ་རུ་ཀ་ལ་ཕྱོགས་བཅུའི་སངས་རྒྱས་ཀྱིས་བསྐོར་བ་མངོན་སུམ་དུ་བཞུགས་པར་གྱུར། ཞེས་དོན་ཡིད་ལ་བསམ་བཞིན་དུ་བརྗོད་དེ། སྐྱབས་ཡུལ་དང་ཚོགས་ཞིང་གི་དམ་ཚིག་པ་རྣམས་མོས་སྟོབས་ཀྱིས་བསྐྱེད་དེ་ཡུད་ཙམ་སྒོམས།

བླ་མ་རྒྱལ་བ་སྲས་བཅས་བདག་ལ་དགོངས། །
བདག་དང་མཁའ་ཁྱབ་མ་འགྱུར་སེམས་ཅན་རྣམས། །
དེང་ནས་ཇི་སྲིད་བྱང་ཆུབ་མ་འཐོབ་བར། །
བླ་མ་དཀོན་མཆོག་གསུམ་ལ་སྐྱབས་སུ་འགྲོ། །

ཞེས་ལན་གསུམ་བརྗོད་དེ་དེང་ནས་བཟུང་བྱང་ཆུབ་མ་འཐོབ་བར་དུ་སངས་རྒྱས་དང་ཆོས་དགེ་འདུན་ཏེ་དཀོན་མཆོག་གསུམ་པོ་ན་མཐར་ཐུག་གི་སྐྱབས་སུ་བསྟེན་ཅིང་འཛིན་ནོ་ཞེས་ཡིད་ཀྱིས་དམ་བཅའ་ཞིང་ཁས་བླངས་ཏེ་ཐེག་པ་ཆེན་པོའི་སྐྱབས་འགྲོའི་སྒོམ་པ་ལེན་པར་བྱ། །

མ་སེམས་ཅན་ཀུན་གྱི་དོན་གྱི་ཕྱིར། །
བདག་ཉིད་བླ་མ་ལྷར་གྱུར་ནས། །
སེམས་ཅན་ཐམས་ཅད་བླ་མ་ལྷའི། །
གོ་འཕང་མཆོག་ལ་འགོད་པར་བྱ། །

ཞེས་ལན་གསུམ་བརྗོད་དེ་ཇི་ལྟར་བརྗོད་པ་ལྟར་ཡིད་ཀྱིས་དམ་བཅའ་ཞིང་ཁས་བླངས་ཏེ་ཐུགས་ལུགས་ཀྱི་བྱང་ཆུབ་ཀྱི་སེམས་བསྐྱེད་པ་དང་སྒོམ་པ་ལེན་པར་བྱ། །

དགའ་ལྡན་ལྷ་བརྒྱའི་མགོན་གྱི་ཐུགས་ཀ་ནས། །
རབ་དཀར་ཞོ་གསར་སྤྲིངས་འདྲའི་ཆུ་འཛིན་རྩེར། །
ཆོས་ཀྱི་རྒྱལ་པོ་ཀུན་མཁྱེན་བློ་བཟང་གྲགས། །
སྲས་དང་བཅས་པ་གནས་འདིར་གཤེགས་སུ་གསོལ། །

ཞེས་བརྗོད་དེ་དག་པའི་ཞིང་དགའ་ལྡན་དུ་བཞུགས་པའི་རྒྱལ་བ་བྱམས་པ་མགོན་པོའི་ཐུགས་བདེ་སྟོང་མཐའ་མེད་པའི་ནམ་མཁའི་དབྱིངས་ནས་ཆོས་ཀྱི་རྒྱལ་པོ་ཀུན་མཁྱེན་བློ་བཟང་གྲགས་པ་ལ་ཕྱོགས་བཅུའི་སངས་རྒྱས་ཀྱིས་བསྐོར་བ་ཡེ་ཤེས་སེམས་དཔའི་ཚུལ་དུ་སྤྱན་དྲངས་ཏེ། དེ་ཐམས་ཅད་མདུན་གྱི་ནམ་མཁར་བཞུགས་པའི་དམ་ཚིག་པ་རྣམས་ལ་ཐིམ་པས་ཡེ་ཤེས་པ་དང་དམ་ཚིག་པ་རྣམས་གཉིས་སུ་མེད་པར་གྱུར་སྙམ་དུ་བསམ་པར་བྱ། །

མདུན་གྱི་ནམ་མཁར་སེང་ཁྲི་པད་ཟླའི་སྟེང་། །
རྗེ་བཙུན་བླ་མ་དགྱེས་པའི་འཛུམ་དཀར་ཅན། །
བདག་བློ་དད་པའི་བསོད་ནམས་ཞིང་མཆོག་ཏུ། །
བསྟན་པ་རྒྱས་ཕྱིར་བསྐལ་བརྒྱར་བཞུགས་སུ་གསོལ། །

ཞེས་བརྗོད་དེ་རྗེ་བླ་མ་ཁྱོད་ཉིད་བདག་གང་དུ་གནས་ཀྱང་བདག་གི་མདུན་གྱི་ནམ་མཁར་བདག་གི་དད་པའི་ས་བོན་འདེབས་པའི་ཞིང་དང་བསོད་ནམས་ཀྱི་ཚོགས་གསོག་པའི་རྟེན་དུ་བསྐལ་པ་བརྒྱ་ཕྲག་གི་བར་དུ་དགྱེས་བཞིན་དུ་བཞུགས་སོ་གསོལ་ཞེས་གསོལ་འདེབས་བྱ། །

ཤེས་བྱའི་ཁྱོན་ཀུན་མཛལ་བའི་བློ་གྲོས་ཐུགས། །
སྐལ་བཟང་རྣ་བའི་རྒྱན་འགྱུར་ལེགས་བཤད་གསུང་། །
གྲགས་པའི་དཔལ་གྱི་ལྷམ་མེར་མཛེས་པའི་སྐུ། །
མཐོང་ཐོས་དྲན་པས་དོན་ལྡན་ལ་ཕྱག་འཚལ། །

ཞེས་བརྗོད་དེ་སྐྱབས་ཡུལ་གྲངས་མེད་པ་ལ་རང་གི་ལུས་གྲངས་མེད་པར་མོས་སྟོབས་ཀྱིས་སྤྲུལ་ཏེ་བཀའ་དྲིན་དང་ཡོན་ཏན་དྲན་པའི་སྒོ་ནས་བསྐལ་པ་གྲངས་མེད་པའི་བར་ཕྱག་འཚལ་བའི་མོས་པ་གདྟན་པོ་བྱེད། །

ཡིད་འོང་མཆོད་ཡོན་སྣ་ཚོགས་མེ་ཏོག་དང་། །
དྲི་ཞིམ་བདུག་སྤོས་སྣང་གསལ་དྲི་ཆབ་སོགས། །
དངོས་བཤམས་ཡིད་སྤྲུལ་མཆོད་སྤྲིན་རྒྱ་མཚོ་འདི། །
བསོད་ནམས་ཞིང་མཆོག་ཁྱེད་ལ་མཆོད་པ་འབུལ། །

ཞེས་སྣོད་བཅུད་ཐམས་ཅད་དག་པ་རབ་འབྱམས་རྫོགས་པའི་སངས་རྒྱས་ཀྱི་ཞིང་དང་ཕྱི་ནང་གསང་བའི་མཆོད་པའི་སྤྲིན་ཚོགས་ཀུན་ཏུ་བཟང་པོའི་མཆོད་སྤྲིན་གྱི་ཕུང་པོ་བསམ་གྱིས་མི་ཁྱབ་པས་ས་དང་བར་སྣང་ནམ་མཁའི་ཁྱོན་ཐམས་ཅད་ཡོངས་སུ་གང་བ་མོས་སྟོབས་ཀྱིས་བསྐྱེད་དེ་བསྐལ་པ་གྲངས་མེད་པའི་བར་དུ་བསོད་ནམས་ཀྱི་ཞིང་གི་མཆོག་ཏུ་གྱུར་པ་བླ་མ་བློ་བཟང་ཐུབ་དབང་ཧེ་རུ་ཀའི་ལྷ་ཚོགས་ལ་འབུལ་ལོ་ཞེས་བསམ།

གང་ཞིག་ཐོག་མེད་དུས་ནས་བསགས་པ་ཡི། །
ལུས་ངག་ཡིད་ཀྱི་མི་དགེ་ཅི་བགྱིས་དང་། །
ཁྱད་པར་སྡོམ་པ་གསུམ་གྱི་མི་མཐུན་ཕྱོགས། །
སྙིང་ནས་འགྱོད་པ་དྲག་པོས་སོ་སོར་བཤགས། །

བླ་མ་བློ་བཟང་ཐུབ་དབང་ཧེ་རུ་ཀ་ཞེས་འབོད་ནས་བདག་གི་སྐྱེ་བ་ཐོག་མེད་ནས་ད་ལྟའི་བར་དུ་ལུས་དང་། ངག་དང་། ཡིད་ཀྱི་སྒོ་ནས་བསགས་པའི་སྡིག་པ་དང་། ལྟུང་བ། དམ་ཚིག་ཉམས་ཆགས་ཐམས་ཅད་སྙིང་ནས་འགྱོད་པ་དྲག་པོ་དང་སྡོམ་སེམས་དྲག་པོས་བཤགས་པ་ལགས་ན་མགོན་པོ་ཁྱོད་ཀྱི་ཐུགས་རྗེའི་ནུས་པས་ད་ལྟ་དག་པར་མཛོད་ཞེས་དེ་ལྟར་སྙིང་གི་ཁོང་ནས་ཡང་ཡང་བསམ་ཏེ་བཤགས་པའི་ཉམས་ལེན་བྱེད། ཡང་ན་མདུན་གྱི་ནམ་མཁར་བཞུགས་པའི་བླ་མ་བློ་བཟང་ཐུབ་དབང་ཧེ་རུ་ཀའི་ཐུགས་ཀའི་ཧེ་རུ་ཀ་དེ་ཉིད་རྡོ་རྗེ་སེམས་དཔའ་ཡུམ་བཅས་ཀྱི་རྣམ་པར་གྱུར་པར་མོས་ནས་ཡིག་བརྒྱ་རྒྱས་བསྡུས་གང་རུང་བཟླས་ཏེ་བཤགས་པའི་ཉམས་ལེན་བྱེད། །

སྙིགས་མའི་དུས་འདིར་མང་ཐོས་འགྲུབ་ལ་བརྩོན། །
ཆོས་བརྒྱད་སྤངས་པས་དལ་འབྱོར་དོན་ཡོད་བྱེད། །
མགོན་པོ་ཁྱོད་ཀྱི་རླབས་ཆེན་མཛད་པ་ལ། །
བདག་ཅག་བསམ་པ་ཐག་པས་ཡི་རངས་ངོ་། །

རྗེ་བླ་མ་ཁྱོད་ཀྱི་སྐལ་ལྡན་གྱི་སྐྱེ་བོ་ཟུང་འཇུག་གི་སར་འཁྲིད་པའི་ཐབས་མཁས་ཀྱི་མཛད་པ་ལ་བདག་སྙིང་ནས་ཡི་རངས་བས་བདག་ཀྱང་ཁྱེད་རང་ལྟ་བུ་འགྱུར་བར་ཤོག་ཅིག འགྱུར་བ་བདག་གིས་བྱའོ་ཞེས་དམ་བཅའ། །

རྗེ་བཙུན་བླ་མ་དམ་པ་ཁྱེད་རྣམས་ཀྱི། །
ཆོས་སྐུའི་མཁའ་ལ་མཁྱེན་བརྩེའི་སྤྲིན་འཁྲིགས་ནས། །
ཇི་ལྟར་འཚམས་པའི་གདུལ་བྱའི་འཛིན་མ་ལ། །
ཟབ་རྒྱས་ཆོས་ཀྱི་ཆར་པ་དབབ་ཏུ་གསོལ། །

རྗེ་བླ་མ་ཁྱོད་ཀྱི་ཐུགས་ཆོས་སྐུའི་ནམ་མཁའ་ལ་མཁྱེན་པ་དང་བརྩེ་བའི་སྤྲིན་འཁྲིགས་ཏེ་ཇི་ལྟར་འཚམས་པའི་སྤྲུལ་པའི་དགེ་བའི་བཤེས་གཉེན་སྣ་ཚོགས་པས་འཇིག་རྟེན་ཡོངས་ལ་ཁྱབ་པར་མཛད་དེ་གདུལ་བྱ་གྲངས་མེད་པ་ལ་དགེ་ལྡན་སྙན་བརྒྱུད་ཀྱི་ཟབ་རྒྱས་ཆོས་ཀྱི་ཆར་པ་དབབ་ཏུ་གསོལ་ཞེས་གསོལ་བ་འདེབས། །

རྣམ་དག་འོད་གསལ་དབྱིངས་ལས་བཞེངས་པ་ཡི། །
ཟུང་འཇུག་སྐུ་ལ་སྐྱེ་འཆི་མི་མངའ་ཡང་། །
ཐ་མལ་སྣང་ངོར་གཟུགས་སྐུ་རགས་པ་ཉིད། །
སྲིད་མཐའི་བར་དུ་མི་ནུབ་བརྟན་པར་བཞུགས། །

མགོན་པོ་ཁྱོད་ཀྱི་འོད་གསལ་གྱི་དབྱིངས་ལས་བཞེངས་པའི་ཟུང་འཇུག་གི་སྐུ་ལ་སྐྱེ་འཆི་མི་མངའ་ཡང་ཐ་མལ་པའི་སྣང་ངོར་སྤྲུལ་པའི་དགེ་བའི་བཤེས་གཉེན་སྣ་ཚོགས་པ་རྣམས་ཀྱི་གཟུགས་སྐུ་རགས་པ་རྣམས་ནི་འཇིག་རྟེན་འདིར་རྐྱེན་གང་གིས་ཀྱང་འགྱུར་བ་མེད་པར་སྲིད་མཐའི་བར་དུ་མྱ་ངན་ལས་མི་འདའ་བར་བརྟན་པར་བཞུགས་སུ་གསོལ་ཞེས་གསོལ་བ་རྩེ་གཅིག་ཏུ་འདེབས།

བདག་གིས་ཇི་སྙེད་བསགས་པའི་དགེ་བ་འདི། །
བསྟན་དང་འགྲོ་བ་ཀུན་ལ་གང་ཕན་དང་། །
ཁྱད་པར་རྗེ་བཙུན་བློ་བཟང་གྲགས་པ་ཡི། །
བསྟན་པའི་སྙིང་པོ་རིང་དུ་གསལ་བྱེད་ཤོག །

བདག་སོགས་ཇི་སྙེད་བསགས་པའི་དགེ་བའི་ཚོགས་ཀུན་བསྟན་པ་དང་འགྲོ་བ་ཀུན་ལ་ཕན་པ་དང་། ཁྱད་པར་རྗེ་བཙུན་བློ་བཟང་གྲགས་པ་ཡི་བསྟན་པའི་སྙིང་པོ་དགེ་ལྡན་སྙན་བརྒྱུད་ཀྱི་བཤད་སྒྲུབ་ཀྱི་བསྟན་པ་འདི་ཉིད་འཇིག་རྟེན་གྱི་ཁམས་འདིར་མཐའ་དབུས་ཀུན་ཏུ་དར་ཞིང་རྒྱས་པའི་རྒྱུར་ བསྔོ་བའོ། །དེ་ནས་བླ་མ་བློ་བཟང་ཐུབ་དབང་རྡོ་རྗེ་ཀའི་ལྷ་ཚོགས་འཁོར་དང་བཅས་པ་ལ་མཆོད་རྒྱས་བསྡུས་གང་རུང་ཕུལ་ཏེ་གསོལ་འདེབས་དམིགས་བཅེ་མ་ཡོངས་གྲགས་ལྟར་འདོན་པའམ། ཡང་ན་སྔགས་ལུགས་ཀྱི་གསོལ་འདེབས་དམིགས་རྩེ་མ་ལྷུ་བསྒྱུར་འདི་འདོན་པར་བྱ་སྟེ། །

བླ་མ་བློ་བཟང་ཐུབ་དབང་རྡོ་རྗེ་ཀ། །
རིགས་གསུམ་གཅིག་བསྡུས་བློ་བཟང་གྲགས་པ་ལ། །
གསོལ་བ་འདེབས་སོ་ཕྱི་ནང་བར་ཆད་གསོལ། །
བདག་རྒྱུན་སྨིན་ཅིང་གཉིས་སྣང་ལས་གྲོལ་མཛོད། །
གཞན་ཕན་ལྷུན་གྱིས་འགྲུབ་པར་བྱིན་གྱིས་རློབས། །

གསོལ་འདེབས་དམིགས་བརྩེ་མ་འབུམ་འཐེར་ཞིག་གྲངས་གསོག་ཟིན་ན་སྔོན་འགྲོ་འཕྲིད་ཆེན་བཞི་པའི་བླ་མའི་རྣལ་འབྱོར་གྱི་གྲངས་གསོག་ཟིན་པ་ཡིན། འོན་ཀྱང་གྲངས་ཀ་ཙམ་གལ་ཆེ་བ་མིན། གཙོ་བོར་དད་པ་ཆེན་པོས་དོན་ཡིད་ལ་བསམ་པ་གལ་ཆེ་བ་ཡིན། དེ་ནས་ལམ་རིམ་དང་། བློ་སྦྱོང་། བསྐྱེད་རིམ། རྫོགས་རིམ་བཅས་ཀྱི་

ཉམས་ལེན་ལ་བློ་གོམས་པའི་ཆེད་དུ་གསོལ་འདེབས་རིགས་ཀུན་མ་འདི་སེམས་གཞན་དུ་མ་གཡེངས་པར་དོན་ཡིད་ལ་བསམ་བཞིན་དུ་འདོན་པར་བྱ་ཏེ།

༄༅། །དཔལ་རིགས་ཀུན་བདག་པོ་ཧེ་རུ་ཀ། །སྐུ་གཅིག་ལ་དུས་གསུམ་སངས་རྒྱས་ཀྱི། །ཞིང་འཁོར་དང་བཅས་པའི་བཀོད་པ་རྫོགས། །རྗེ་བློ་བཟང་རྒྱལ་བ་གཉིས་པར་འདུད། །དབྱིངས་བདེ་བ་ཆེན་པོའི་ངང་ཉིད་དུ། །ཡོངས་ཤེས་བྱའི་འཁོར་ལོ་ཀུན་སྡོམ་པ། །དཔལ་ཧེ་རུ་ཀ་དཔལ་ཡབ་ཡུམ་དང་། །དོན་གཉིས་མེད་བླ་མའི་ཞབས་ལ་འདུད། །བདག་ལེགས་ཚོགས་ཀུན་གྱི་རྩ་བ་ནི། །ཕ་བླ་མ་རྗེ་ལ་རག་ལས་པས། །གསང་གསུམ་གྱི་བྱིན་བརླབ་ད་ལྟ་སྩོལ། །ཐུགས་དགྱེས་པའི་ཞལ་བཟང་མྱུར་སྟོན་མཛོད། །རྗེ་བཀའ་དྲིན་མཉམ་མེད་ཙོང་ཁ་པས། །ཡོངས་མདོ་རྒྱུད་གདམས་པར་ངོ་སྤྲད་པའི། །བསྟན་འདི་དང་མཇལ་བའི་སྐལ་བཟང་འདི། །དུས་ད་རེ་ཙམ་ཞིག་ཡིན་ན་ཡང་། །དབུགས་ན་བུན་ལྟ་བུ་ཡལ་ལ་ཉེ། །སྲོག་རླུང་ནང་མར་མེ་ཤི་ལ་ཁད། །དུས་དེ་རིང་མི་འཆི་ངེས་མེད་ན། ད་དལ་འབྱོར་སྙིང་པོ་ལེན་པའི་དུས། །སྔོན་སྒོ་གསུམ་སྡིག་ལ་སྤྱད་སྤྱད་པས། །བཟོད་དཀའ་བ་ངན་སོང་སྡུག་བསྔལ་དེ། །བདག་ལུས་སེམས་རྣམས་ཀྱི་ཐོག་ཏུ་འབབས། །ཉམ་ཆུང་གི་བཟོད་གླགས་མི་གདའ་བས། སྲུང་ཁོས་མེད་མགོན་སྐྱབས་བླ་མ་ལྷ། །སྐྱབས་དཀོན་མཆོག་གསུམ་ལ་སྙིང་ནས་ཞུ། །རྒྱུ་དཀར་ནག་ལས་ཀྱི་བླང་དོར་ལ། །ད་བག་ཡོད་འབད་པ་འདུན་མའི་རྩེ། །དུག་བདུད་རྩིར་འགྱུར་བའི་བཏུང་བ་བཞིན། །ཡུལ་

འདོད་ཡོན་སྲེད་ཞེན་ཕྱུང་བའི་རྒྱུ། །སྡུག་སྔ་དགུ་འཛོམས་པའི་འཁོར་བ་འདི་ར། །ཞེ་བློ་བདེར་སྡོད་པ་ཤིན་ཏུ་འཁྲུལ།

།སྔོན་ཆད་བདག་གིས་ལུས་བླངས་པ་ཡི་ཤ་རུས་མ་གྲུད་ལྷུན་པོ་མཉམ། །ཁྲག་དང་ཆུ་སེར་གཅིག་ཏུ་འཁྱིལ་ན་རྒྱ་མཚོའི་གཏིང་མཐའ་དང་མཚུངས་ཤིང་། །ཚངས་དང་བརྒྱ་བྱིན་འཁོར་ལོས་བསྒྱུར་དང་ལྷ་མི་ཕལ་པའི་ལུས་བླངས་པའམ། །གྲངས་ལས་འདས་ཀྱང་མ་ལུས་དོར་ཟིན་ལུས་ཐོབ་པ་ལ་ཡིད་བརྟན་ཅི། །དམྱལ་བར་སྐྱེས་ནས་ཟངས་བཞུན་བཏུང་དང་སྲིན་འབུར་གྱུར་ནས་ས་ལུད་དང་། །ཁྱི་ཕག་སོགས་གྱུར་མི་གཙང་ཟོས་གང་སྤྱངས་ན་འཛིག་རྟེན་ཁྱོན་གང་ཞིང་། །སྡུག་བསྔལ་ཤུགས་ཀྱིས་ངུས་པའི་མཆི་མའམ་རྒྱ་མཚོའི་ཁྱོན་ལས་མང་གསུངས་ན། ད་དུང་སྐྱོ་བསུན་འཇིགས་པ་མི་སྐྱེ་ཡིད་འདི་ལྕགས་ལས་བྱས་སམ་ཅི། །དེ་ལྟར་ཤེས་ནས་ཉིན་མཚན་ཀུན་ཏུ་འཁོར་བའི་སྐྱེ་བ་བཟློག་ལ་བརྩོན། །དེ་ཡི་རྩ་བ་བདག་འཛིན་མ་རིག་གཏན་ཏུ་སྤོངས་ལ་བརྩོན་པར་བྱ། །བཅོས་མིན་ངེས་འབྱུང་སེམས་ལ་བརྟེན་ནས་ཐར་པའི་ལམ་དེ་སློ་ཕྱེ་ཏེ། །ལམ་རྣམས་ཀུན་གྱི་སྙིང་པོ་བསྡུས་པ་བསླབ་གསུམ་འགྲུབ་ལ་བརྩོན་པར་བྱ།

སེམས་གཙང་ཤེས་ཁ་ལོ་གྱེན་དུ་སྒྱུར། །ཆོས་བསླབ་པ་གསུམ་གྱི་སྲབ་ཀྱིས་བཅིངས། །འབད་བརྩོན་པ་དྲག་པོས་ལྕགས་བསྐུལ་ཏེ། །ད་ཐར་པའི་ལམ་ལ་མྱུར་བགྲོད་བྱེད། །བདག་དྲིན་གྱིས་བསྐྱངས་པའི་

མ་རྣམས་ཀུན། །གནས་འཇིགས་རུང་འཁོར་བའི་རྒྱ་མཚོ་གནས། སྡུག་ཉམ་ཐག་དང་ཚུལ་མ་བསམ་ཞིང་། །བྱས་པ་ལ་དྲིན་དུ་མ་གཟོ་ན། །ཕུ་དོན་སྙིང་གཏིང་ནས་རུལ་པས་ན། །རང་གཅེས་འཛིན་བློ་སྣ་ལིང་གི་འདོར། །གཞན་ཁོ་ན་གཅེས་པར་འཛིན་པ་ཡི། །དོན་དེ་ལྟར་བདག་གཞན་བརྗེ་ལ་སློབས། །མ་རིགས་དྲུག་འཁྲུལ་སྣང་སྡུག་བསྔལ་ལས། །དུས་ད་ལྟ་འབྲལ་འདོད་བཙོས་མིན་བློས། །འབྲས་ཟུང་འཇུག་མཁའ་སྤྱོད་ཆེན་པོ་དངོས། །ཐབས་ཕྱིན་དྲུག་སྤྱོད་པའི་སྒྲུབ་ལ་འབད། སེམས་རྣམ་གཡེང་གི་འགྱུ་བ་འབད་ཀྱིས་བཅད། །རྟེན་དམིགས་པ་གཅིག་ལ་དྲན་པས་ཟུངས། །གེགས་བྱིང་རྒོད་དབང་དུ་མ་ཤོར་བར། བསྒོམས་བདེ་གསལ་དང་ནས་ཤེས་པ་གཟུན། །རྨི་ལམ་གྱི་སྣང་བ་ཐམས་ཅད་ནི། །སད་དུས་ཀྱི་སྣང་བ་འདི་དག་ཀུན། །གཏན་མེད་པའི་དཔེ་ནི་འདི་འོ་ཞེས། །ཕ་བླ་མའི་གདམས་ངག་མཆོག་ཡིན་ནོ། །ཆོས་ཅན་གྱི་སྣང་ཚུལ་མཐའ་ཡས་འདི། །བློ་འཁྲུལ་པས་བཙོས་པའི་བསླུ་བ་ཅན། །དོན་འདོད་ལུགས་སྙིང་པོ་བཙལ་བ་ན། །དམིགས་གཏད་སོ་བྲལ་བའི་སྟོང་པར་འཆར། །ཤེས་རབ་ཀྱི་མིག་གིས་བཙལ་བའི་ཚེ། ཡུལ་གང་སྣང་རང་འཚུག་ཞིག་པ་ན། །མིང་རྐྱང་པ་ཙམ་ཞིག་ཤུལ་དུ་ལུས། །དོན་དེ་ལ་གཞན་ངོར་རྟེན་འབྲེལ་ཞེས། །ཆོས་ཀུན་གྱི་འཇོག་ས་དེ་ག་ཙམ། །དཔལ་འཕགས་པ་ཡབ་སྲས་བཞེད་པའི་སྲོལ། །ཕ་བློ་བཟང་གྲགས་པས་གཏན་ལ་ཕབས། །མཐའ་བྲལ་གྱི་ལྟ་བ་ངོ་མཚར་ཆེ།

།ལམ་ཐུན་མོང་དེ་དག་སྔོན་སྦྱངས་ཏེ། །ཞིང་འོག་མིན་གཙོ་བོ་ཧེ་རུ་ཀ།
འདིར་མི་ཡི་གཟུགས་ཅན་སྤྲུལ་པའི་སྐུ། །ཕ་བླ་མ་བཀའ་དྲིན་ཅན་དེ་
ཡིས། །བདག་རྡོ་རྗེའི་དཀྱིལ་འཁོར་ཆེན་པོར་བཙུགས། །རྒྱུད་སྨིན་བྱེད་
དབང་བཞི་ལེགས་བསྐུར་ནས། །བདག་ཟུང་འཇུག་འགྲུབ་པའི་སྐལ་
ལྡན་བྱས། །ཕ་བླ་མའི་བཀའ་དྲིན་བསམ་མི་ཁྱབ། །བླ་མ་ཡབ་ཡུམ་
གྱི་བཀའ་དྲིན་བསམ་མི་ཁྱབ། །དོན་དེ་ལ་བརྟེན་ནས་བདག་ཉིད་ནི།
དུས་ད་ལྟ་མ་བཅོས་རྡོ་རྗེའི་ལུས། །ཉམས་བག་ཕེབས་དགའ་བའི་
གཞལ་མེད་ན། དཔྱིད་ཐིག་ལེ་ཁ་སྦྱོར་དོན་གྱི་ལྷ། །དཔལ་ཁྲག་འཐུང་
གཙོ་བོ་ཡབ་ཡུམ་དང་། །ནང་རྩ་ཁམས་དཔའ་བོ་དཔའ་མོའི་ཚོགས།
དབྱིངས་བདེ་བ་ཆེན་པོའི་རོལ་རྩེད་ཀྱིས། །རྒྱུད་ཐ་མལ་སྣང་ཞེན་ཀུན་
བཅད་དེ། །འབྲས་ཟུང་འཇུག་སྒྲུབ་པའི་སྐལ་ལྡན་གྱུར། །ལམ་འདི་
འདྲ་མཇལ་བ་སྐལ་བ་བཟང་། །དལ་འབྱོར་ལ་སྙིང་པོ་ལོན་པ་ངེས།
རང་གསལ་སྟོང་བདེ་མཆོག་ཡབ་ཡུམ་གྱི། །ལུས་སྟོང་ར་བསྒོམས་པའི་
ནང་གི་གཞུང་། །རྩ་ཁྱད་ཆོས་བཞི་ལྡན་ཧྲུ་ཏི་ཡི། །སྙིང་ཆོས་ཀྱི་འཁོར་
ལོ་འདབ་བརྒྱད་དབུས། །དཀར་དམར་ཁ་སྦྱོར་གྱི་ཐིག་ལེ་སྲན་མ་ཙམ།
ཆེས་དྭངས་ཤིང་གསལ་བ་དེའི་ནང་དུ། །རླུང་མི་ཞིག་ཧཱུྃ་གི་རྣམ་པ་ཅན།
དཔལ་ཧེ་རུ་ཀ་དཔལ་དངོས་དེ་ལ། །སེམས་ཆུ་ལ་ཆུ་འདྲེས་བཞིན་དུ་
ཞུགས། །དོན་དེ་ཉིད་མ་བརྗེད་དྲན་པས་འཛིན། །བསྒོམ་གཏན་པས་
ཀུན་རྟོག་འགྱུ་བ་ཆད། །སྟོན་མཁའ་ལྟར་དག་པའི་འོད་གསལ་འཆར།

ལམ་འོད་གསལ་བསྒོམ་པ་རྫོགས་པ་ལས། །འབྲས་ཟུང་འཇུག་མཁའ་སྤྱོད་ཆེན་པོ་དངོས། །རྟེན་འདི་ལ་ཐོབ་པའི་སྐལ་བཟང་འདི། །ཕ་རྗེ་བཙུན་བླ་མའི་བཀའ་དྲིན་ཡིན། །ཕ་རྗེས་བུ་ཡི་ཟིན་པ་བྱིན་གྱིས་རློབས། དེ་ནས།

དཔལ་ལྡན་རྩ་བའི་བླ་མ་རིན་པོ་ཆེ། །
བདག་གི་སྙིང་ཁར་པད་ཟླའི་སྟེང་བཞུགས་ལ། །
བཀའ་དྲིན་ཆེན་པོའི་སྒོ་ནས་རྗེས་བཟུང་སྟེ། །
སྐུ་གསུང་ཐུགས་ཀྱི་དངོས་གྲུབ་སྩལ་དུ་གསོལ། །

ཞེས་ བརྗོད་ དེ་ གསོལ་ བ་ བཏབ་ པས་ མདུན་ གྱི་ ནམ་ མཁར་ བཞུགས་ པའི་ ཕྱོགས་ བཅུའི་ སངས་ རྒྱས་ ཐམས་ ཅད་ འོད་ དུ་ བཞུ་ ནས་ རྗེ་ བླ་ མ་ བློ་ བཟང་ གྲགས་ པ་ ལ་ ཐིམ། དེ་ཉིད་འོད་དུ་བཞུ་ནས་དེའི་ཐུགས་ཀའི་སྔོན་པ་ཐུབ་པའི་དབང་པོ་ལ་ཐིམ། སྟོན་པ་ཐུབ་པའི་དབང་པོ་ཡང་འོད་དུ་བཞུ་ནས་དེའི་ཐུགས་ཀའི་རྡོ་རྗེ་ལ་ཐིམ། བླ་མ་རྡོ་རྗེ་དགྱེས་བཞིན་དུ་རང་གི་སྤྱི་བོར་བྱོན་ཏེ་སྤྱི་བོའི་རྩ་འཁོར་གྱི་དབུས་དབུ་མའི་ནང་དུ་བཞུགས་པའི་སྐུ་ལས་འོད་ཟེར་འཕྲོས་པས་སྤྱི་བོའི་རྩ་དང་ཐིག་ལེ་རླུང་རྣམས་བྱིན་གྱིས་བརླབས། དེ་ནས་ཡང་དཔལ་ལྡན་རྩ་བའི་ཞེས་པ་ནས། མཆོག་དང་མཐུན་མོང་དངོས་གྲུབ་སྩལ་དུ་གསོལ། །ཞེས་བརྗོད་དེ་གསོལ་བ་བཏབ་པས་བླ་མ་རྡོ་རྗེ་ཆང་རང་གི་མགྲིན་པར་བྱོན་ཏེ་དེའི་རྩ་འཁོར་གྱི་དབུ་མའི་ནང་དུ་བཞུགས་པའི་སྐུ་ལས་འོད་ཟེར་འཕྲོས་པས་མགྲིན་པའི་རྩ་དང་ཐིག་ལེ་རླུང་བཅས་བྱིན་གྱིས་བརླབས། དེ་ནས་སླར་ཡང་། དཔལ་ལྡན་རྩ་བའི་ ཞེས་པ་ནས། བྱང་ཆུབ་སྙིང་པོའི་བར་དུ་བརྟན་པར་བཞུགས། །ཞེས་བརྗོད་དེ་གསོལ་བ་བཏབ་པས་བླ་མ་རྡོ་རྗེ་ཆང་རང་གི་སྙིང་ཁར་

བྱོན་ཏེ་དེའི་རྩ་འཁོར་གྱི་དབུ་མའི་ནང་དུ་བཞུགས་པའི་སྐུ་ལས་འོད་ཟེར་འཕྲོས་པས་སྙིང་ཁའི་རྩ་དང་ཐིག་ལེ་རླུང་བཅས་བྱིན་གྱིས་བརླབས། དེའི་ཚེ་བླ་མ་ཧེ་རུ་ཀའི་ཐུགས་འོད་གསལ་བདེ་བ་ཆེན་པོ་རང་གི་སེམས་དང་གཉིས་མེད་རོ་གཅིག་ཏུ་འདྲེས་པའི་སྟོབས་ཀྱིས་རང་སེམས་ཧེ་རུ་ཀའི་ཐུགས་འོད་གསལ་བདེ་བ་ཆེན་པོའི་ངོ་བོར་གྱུར་ཞིང་། འདི་ནི་ལམ་ཟབ་མོ་སྔོན་འགྲོ་ཉམས་སུ་བླངས་པའི་གྲུབ་དོན་ནོ་སྙམ་དུ་ཤུགས་ཆེར་བསམས། རང་སེམས་ཧེ་རུ་ཀའི་ཐུགས་འོད་གསལ་བདེ་བ་ཆེན་པོ་མོས་སྟོབས་ཀྱིས་གྲུབ་པ་འདི་ཉིད་མ་བརྗེད་པར་རྩེ་གཅིག་ཏུ་འཛིན་ཏེ་ཡུད་ཙམ་བསྒོམས། དེ་ནས་སྣང་བ་བན་བུན་ནམ་དགའ་ལྡང་ངེ་བའི་ངང་ནས་ཕྱག་ཆེན་དངོས་གཞིའི་ཉམས་ལེན་ལ་འཇུག་པར་བྱའོ། །དེ་ཡང་སེམས་ངོ་འཕྲོད་ནས་ཞི་གནས་སྒོམ་པ། སྟོང་ཉིད་རྟོགས་ནས་ལྷག་མཐོང་སྒོམ་པ། རྩ་ཡི་རྣལ་འབྱོར་རྩ་དབུ་མ་སྒོམ་པ། ཐིག་ལེའི་རྣལ་འབྱོར་མི་ཤིག་པའི་ཐིག་ལེ་སྒོམ་པ། རླུང་གི་རྣལ་འབྱོར་མི་ཤིག་པའི་རླུང་སྒོམ་པ་བཅས་རྒྱས་པར་སྔར་བཤད་ཟིན་པ་དེ་དག་ཡིན། མཇུག་ཏུ་དགེ་བ་བསྔོ་བ་ནི།

ཚེ་རབས་ཀུན་ཏུ་རྒྱལ་བ་ཙོང་ཁ་པས། །
ཐེག་མཆོག་བཤེས་གཉེན་དངོས་སུ་མཛད་པའི་མཐུས། །
རྒྱལ་བས་བསྔགས་པས་ལམ་བཟང་འདི་ཉིད་ལས། །
སྐད་ཅིག་ཙམ་ཡང་བཟློག་པར་མ་གྱུར་ཅིག །

ཚུལ་ཁྲིམས་གཙང་ཞིང་མང་དུ་ཐོས་པ་དང་། །
བྱང་སེམས་འབྱོངས་དང་ལྟ་སྤྱོད་གཙང་བ་སོགས། །
བློ་བཟང་རྒྱལ་བ་གཉིས་པའི་བསྟན་པ་ལ། །
བསེ་ལྷད་མེད་པའི་རྣམ་ཐར་འཕྱོངས་པར་ཤོག །

དེ་ལྟར་དོན་ཡིད་ལ་བསམ་བཞིན་དུ་བརྗོད་དེ་དགེ་བ་བསྔོ་བའོ། །བླ་མའི་རྣལ་འབྱོར་འདི་ནི་སྙན་བརྒྱུད་ཀྱི་མན་ངག་རྣམས་ལ་གཞི་བྱས་ཏེ་ཀ་ལ་པ་ཞྭ་ཏྲ་སྭ་མུ་ཏྲ་ཞེས་པས་སྦྱར་བ་དགེ་ལེགས་འཕེལ། ། བཀྲིས།།

༄༅། །ཟབ་མོ་སྟོང་པ་ཉིད་ཀྱི་དོན་ཚིགས་
སུ་བཅད་པའི་སྒོ་ནས་ལེགས་པར་བཤད་པ་
སྙན་བརྒྱུད་དགོངས་རྒྱན་ཞེས་བྱ་བ་
བཞུགས་སོ། །

འཇམ་དཔལ་དབྱངས།

༄༅། །ཟབ་མོ་སྟོང་པ་ཉིད་ཀྱི་དོན་ཚིགས་སུ་བཅད་པའི་སྒོ་ནས་ལེགས་པར་བཤད་པ་སྐལ་བརྒྱུད་དགོངས་རྒྱན་ཞེས་བྱ་བ། །

༈ །བརྟེན་འབྱུང་གཏམ་གྱི་སྒྲོར་བས་ཀུན་མཁྱེན་ལམ། །
གསལ་མཛད་སྟོན་སངས་རྒྱུད་པར་བཅས་པ་དང་། །
ཁྱད་པར་རྒྱལ་ཀུན་ཡབ་གཅིག་འཇམ་དབྱངས་དངོས། །
བློ་བཟང་གྲགས་པ་གང་དེས་བདག་སྐྱོང་ཤིག །

འཁོར་འདས་ཀུན་གྱི་གཞི་རྟེན་བདག་ཡིན་མོད། །
བདག་དེའི་འཛིན་ཚུལ་ཕྱི་ནང་ཀུན་མི་མཐུན། །
ཁྱད་པར་སངས་རྒྱས་པ་རྣམས་དེའི་འཛིན་མཚམས། །
སྒྲུབ་ཕྱོགས་ཐལ་ཆེས་བདག་མེད་ཕྱུག་རྒྱུར་འགལ། །

དགག་ཚོད་མ་ཟིན་ལས་འབྲས་མཐོང་མཐོ་སོགས། །
ཁེགས་འགྱུར་དོགས་ནས་ཤིན་ཏུ་ཟོན་བྱས་ཏེ། །
རང་རང་བློ་འཚམས་འཇོག་ཚུལ་རེ་བྱེད་དོ། །
ཐམས་ཅད་གང་ཟག་འཇོག་པའི་རྟེན་སའི་ཁུངས། །

ཇི་ལྟར་ཡན་ལག་ཞེས་སོགས་མདོར་བྱེད་པ། །
མཚུངས་ཀྱང་མདོ་དོན་འགྲེལ་ཚུལ་མི་འདྲར་བྱུང་། །
བྱེ་སྨྲ་ཕལ་ཆེར་ཡ་གྱལ་ཕུང་པོ་ལ། །
བརྟེན་ནས་ཚོགས་པ་འཇོག་དགོས་མདོར་གསུངས་ཕྱིར། །

ཚོགས་ཙམ་གང་ཟག་འཇོག་པ་མདོ་དོན་ཟེར། །
སེམས་ཙམ་གང་ཟག་བཏགས་དོན་རྟེད་རྒྱུ་ཞིག །
དགོས་ལ་ཕུང་ལས་ལོགས་སུའང་ཡོད་མི་སྲིད། །
ཕུང་ནང་བཙལ་ཚེ་གཞན་རྣམས་གང་ཟག་ཏུ། །

མི་རུང་ཕྱིར་ན་ཀུན་གཞི་ལས་གཞན་ཅི། །
མདོ་དོན་རིག་པའི་སྒྲུབ་ཚུལ་ཡིན་ནོ་ཟེར། །
རང་རྒྱུད་གང་ཟག་བདེན་དངོས་མེད་ན་ཡང་། །
ཐ་སྙད་བཏགས་པའི་དོན་དེ་བཙལ་བའི་ཚེ། །

སྙེད་དོན་ཡིད་ཀྱི་རྣམ་ཤེས་ཡིན་ནོ་ཟེར། །
ཐལ་འགྱུར་བ་རྣམས་བཏགས་ཙམ་མ་གཏོགས་པའི། །
ངོ་བོ་མེད་པར་རྟོགས་ནས་གྲོལ་གསུངས་ཏེ། །
བཟང་ངན་བྱ་བྱེད་ཐམས་ཅད་ཐ་སྙད་དུ། །

བཏགས་ཙམ་ཉིད་ལ་ལེགས་པར་འཇོག་གོ་གསུངས།།
ཐ་སྙད་གང་ལའང་གསར་དུ་མ་བཅོས་པར། །
ཐ་སྙད་དེ་ཁས་བྱ་བ་བྱེད་འཇུག་པ། །
སངས་རྒྱས་པ་ཡི་གྲུབ་མཐའ་སྐྱི་ལུགས་ཡིན། །

ཐལ་འགྱུར་དགག་བྱ་ཕྲ་མོར་འཇོག་བྱེད་པའི། །
ད་ལྟ་རང་རེར་སྣང་ཚུལ་ལྟར་གྱི་ཆོས། །
འདི་རྣམས་མེད་ན་རྣམ་བཞག་ཀུན་ རླག་པར། །
འོག་མ་བཞིན་དུ་རང་རྒྱུད་པ་ཡང་བཞེད། །

བདེན་འཛིན་འཁྲུལ་པའི་སྣང་ཆ་ཕྲ་རགས་ཀུན། །
གཞི་གཅིག་སྟེང་ཡོད་དེ་ཡི་རགས་རིམ་ནས། །
འོག་མས་སེལ་ཞིང་ཕྲ་མོ་ཐལ་འགྱུར་བས། །
བསལ་ཕྱིར་ལྟ་བར་མཆོག་དམན་རིམ་པ་དང་། །

སྤྲུ་མ་ཕྲེ་མའི་གྲོགས་དང་ལུང་རྟོགས་ཀྱི། །
ཆོས་ཀུན་མཆོག་གི་ལྟ་བ་འདིའི་ཐོག་ཏུ། །
འབབ་ཅིང་གཞོལ་ལུགས་འདི་ཡི་ཁོངས་ནས་གོ །
ལུགས་མཆོག་འདི་ཡི་ལྟ་བ་སྐྱོངས་པ་ལ། །

དགག་བྱ་ངོས་འཛིན་འཆུག་མེད་གལ་ཆེ་བས། །
དགག་བྱའི་ང་དེ་ངོས་འཛིན་བྱེད་ཚུལ་ནི། །
ཐོག་མར་ངའོ་སྙམ་བློ་ཤུགས་དྲག་ཞིག །
སྐྱེད་ལ་དེ་ཚེ་བློ་དེས་ཞུང་པོ་ལ། །

རྟེན་ནས་ངའོ་སྙམ་དུ་བསམ་ཙམ་གྱི། །
ང་དེའི་གོ་མ་ཆོད་པར་བློ་དེ་དང་། །
ཕར་ཚུར་ལྟ་བའི་ཚོད་ཀྱི་ང་དངོས་ཞིག །
ཕུང་སོགས་ང་མིན་མ་འདྲེས་ཕུང་པོ་དེའི། །

སྟེང་ནས་བློ་དེའི་ཡུལ་དུ་ཤར་བ་ན། །
དེ་མྱུར་མི་འགོག་དེ་རྣམ་བློས་བཟུང་ནས། །
ད་ཕན་ང་དང་ང་ཞེས་ཟེར་ས་ཞིག །
རྙེད་པ་དེ་ནི་འདི་ཁ་ཡིན་པར་འདུག །

སྙམ་དུ་ཐག་ཆོད་བྱུང་ན་དགག་བྱ་ཟིན། །
ང་བློར་རག་མ་ལས་པའི་འབྲེལ་མེད་དང་། །
རྟོག་པས་བཞག་པ་མིན་པའི་ཡོད་པ་དང་། །
བཙལ་ནས་རྙེད་སོགས་དགག་བྱའི་ཚད་དུ་འཇོལ། །

དེ་བཞིན་ཆོས་རྣམས་ཀུན་ལ་རང་རང་གི །
གདགས་གཞིའི་སྟེང་ནས་དགག་བྱ་དེ་འདྲ་རེ། །
འཆར་དུ་ཡོད་ཅིང་དེ་ཡང་རང་ཅག་ལ། །
ད་ལྟ་སྣང་མུས་ཀྱི་ཆོས་འདི་ཚོ་རང་། །

ཡིན་པར་ངོ་འཕྲོད་པ་ཡི་མྱོང་བ་ཞིག །
ནང་ནས་མ་སྐྱེས་བར་དུ་བརྟག་དགོས་ཏེ། །
ནོར་བཟང་རྒྱ་མཚོའི་ཞལ་གྱི་བུམ་བཟང་ལས། །
འོན་ཀྱང་བློ་བཟང་ཉིན་བྱེད་དབང་པོ་ཡི། །

རྗེས་འབྲང་མཁས་རློམ་རྒྱ་སྐར་དུ་མའི་ཚོགས། །
རང་མཚན་རང་བཞིན་གྲུབ་དང་བདེན་དངོས་ཞེས། །
ཐ་སྙད་ཚིག་གི་བཅིངས་པའི་དགག་བྱ་དག །
རང་བློས་བཞག་པ་རིག་པས་བཀག་པའི་དོན། །
མཐའ་བྲལ་དབུ་མ་ཆེན་པོར་འདོད་པ་མཐོང་། །

རྨི་ལམ་གཟུགས་དང་སྒྱུ་མའི་རྟ་གླང་གང་། །
རང་སྣང་བློ་ལ་སྣང་ཙམ་མ་གཏོགས་པར། །
དེ་ལས་ལོགས་སུ་ཅུང་ཟད་ཡོད་མིན་ལྟར། །
སྲིད་པའི་རྩེ་མོ་ནས་བཟུང་དམྱལ་བའི་བར། །

སེམས་ཅན་ཇི་སྙེད་རང་རང་སོ་སོ་ཡི། །
རྟོག་པས་བཏགས་པ་ཙམ་ཞིག་མ་གཏོགས་པ། །
ཡོད་པའི་དགག་བྱ་ཕྲ་མོ་མ་ཁེགས་ན། །
ཇི་ཙམ་དཔྱད་ཀྱང་ཉེ་ཚེའི་ལྟ་བ་ལས། །

ཅུང་ཟད་འཕགས་པ་མེད་པ་བདག་གིས་ཁུམས། །
ཞེས་གསུངས་དེ་ལ་སོགས་པ་གཞན་ཡང་མང་། །
དེ་ཡང་ཐག་ཁྲའི་སྦྲུལ་འཛིན་ལ་མཚོན་ན། །
ཐག་པ་དེ་ནི་ཕུང་པོ་འདི་དང་མཚུངས། །

ཐག་སྟེང་སྦྲུལ་དེ་དགག་བྱའི་བདག་དང་མཚུངས། །
སྦྲུལ་འཛིན་དེ་ཡང་ངར་འཛིན་འདི་དང་མཚུངས། །
སྦྲུལ་འཛིན་དེ་ཡི་འཇིགས་སྐྲག་སོགས་སྐྱེད་པ། །
བདག་འཛིན་འདི་ཡི་འཁོར་རྩ་བྱེད་དང་མཚུངས། །

སྦྲུལ་འཛིན་སྦྲུལ་མེད་ངེས་པས་བཟློག་དགོས་པ། །
བདག་འཛིན་བདག་མེད་ངེས་པས་བཟློག་དགོས་མཚུངས། །
ཐག་པ་མ་འདུས་འཁྱིལ་ལུགས་སྔར་གནས་དང་། །
མུན་པ་བབས་སོགས་རྟེན་འབྲེལ་ཚོགས་པའི་ཚེ། །

སླར་ཡང་སྦྲུལ་འཛིན་སྔར་ལྟར་སྐྱེ་བ་བཞིན། །
གང་ཟག་བདག་མེད་རྟོགས་ཀྱང་ཕུང་པོ་ལ། །
བདེན་པར་འཛིན་པའི་བདེན་འཛིན་མ་ལོག་ན། །
སླར་ཡང་གང་ཟག་བདག་འཛིན་སྐྱེ་བ་དེ། །

སྔ་མས་ཕྱི་མའི་རྟེན་གཞི་བྱེད་པ་དང་། །
ཆོས་ཀྱི་བདག་འཛིན་འཁོར་རྒྱར་འགྲོ་ལུགས་ཡིན། །
བདག་དེའི་འགོག་ཚུལ་འཕགས་པ་ཀླུ་སྒྲུབ་ཀྱིས། །
སྐྱེ་བོ་ས་མིན་ཞེས་སོགས་གསུངས་པའི་དོན། །

ཁམས་དྲུག་གདགས་གཞི་ལུས་སེམས་གཉིས་སུ་འདུས། །
གཉིས་པོའང་གདགས་གཞི་ཕུང་པོར་འདུས་པས་ན། །
དགག་བྱར་ངོས་འཛིན་བྱས་པའི་ང་འདི་ཉིད། །
ཡོད་ན་ཕུང་པོ་འདི་དང་གཅིག་ཐ་དད། །

གང་ཟུང་ལས་གཞན་ཡོད་ཐབས་མེད་ཚུལ་ལ། །
ཕུ་ཐག་ཆོད་པའི་ངེས་པ་སྐྱེད་བྱས་ཏེ། །
དེ་ནས་ང་འདི་ཕུང་དང་གཅིག་ཡིན་ན། །
བདག་ཉིད་དུ་མར་ཐལ་དང་ཕུང་པོ་ལྔ། །

གཅིག་ཏུ་ཐལ་ཞིང་ཉེ་བར་བླང་བྱ་དང་། །
ལེན་པོ་ཟེར་བ་དོན་མེད་ཐལ་བ་དང་། །
ཕུང་འདི་རྒྱུན་ཆད་ཚུལ་གྱིས་འཇིག་པ་བཞིན། །
བདག་ཀྱང་དེ་དང་མཚུངས་པ་ཐལ་བ་སོགས། །

རྩ་འཇུག་ནས་བཤད་སྐྱོན་གསུམ་བཟློག་མེད་པས། །
ཕུང་དང་གཅིག་མིན་ཐ་དད་ཡིན་ནམ་བསམ། །
དེ་ནས་ཐ་དད་ཡིན་ལའང་རྩ་ཤེས་ལས། །
གལ་ཏེ་ཕུང་པོ་རྣམས་ལས་ཞེས་སོགས་ལྟར། །

བདག་འདི་ཚུགས་ཐུབ་ཡིན་ཕྱིར་ཕུང་པོ་དང་། །
ཀ་བུམ་བཞིན་གྱི་སོ་སོར་སོང་བས་ན། །
ཕུང་པོ་འདུས་བྱས་མཚན་པའི་སྐྱེ་འཆི་སོགས། །
བདག་ལ་མི་ལྡན་དགོས་ཏེ་དོན་གཞན་ཕྱིར། །

དཔེར་ན་རྟ་གླང་དོན་གཞན་དུ་གྲུབ་པས། །
གཅིག་གི་མཚན་ཉིད་གཅིག་ལ་མི་ལྡན་བཞིན། །
བདག་དེ་སྐྱེ་འཇིག་གནས་དང་མི་ལྡན་ན། །
ངར་འཛིན་དེ་ཡི་དམིགས་གཞིར་མི་འཐད་དེ། །

འདུས་མ་བྱས་ཕྱིར་དཔེར་ན་མྱང་འདས་བཞིན། །
གཞན་ཡང་བུམ་པ་གཏན་ནས་མེད་པའི་གཞིར་ཡང་། །
ངའོ་སྙམ་པ་བཅོས་མིན་སྐྱེ་བཞིན་དུ། །
རང་གི་ཕུང་པོ་གཏན་ནས་མེད་གཞིར་ཡང་། །

ངར་འཛིན་སྐྱེ་བར་འགྱུར་ཏེ་འཇུག་པ་ལས། །
དེ་ཕྱིར་ཕུང་པོ་ལས་གཞན་ཞེས་སོགས་གསུངས། །
གཞན་ཡང་བདག་ཕུང་བདེན་པའི་ཐ་དད་ན། །
དཔྱད་བཟོད་ཐ་དད་ཡིན་དགོས་དེ་ལྟར་ན། །

ངོ་རྫས་བྱེད་ལྡོག་ལ་སོགས་སྒོ་ཀུན་ནས། །
ཐ་དད་གྱུར་པའི་འབྲེལ་མེད་ཡིན་དགོས་ཏེ། །
སྒོ་གཅིག་ཐ་དད་སྣང་ཀྱང་སྒོ་གཅིག་ནས། །
ཐ་མི་དད་དུ་གནས་པ་དེ་ཉིད་ནི། །

སྣང་ཚུལ་གནས་ཚུལ་མི་མཐུན་རྟགས་ཡིན་ལ། །
དེ་ཉིད་བདེན་པར་གྲུབ་ལ་འགལ་ཕྱིར་རོ། །
གནོད་པ་དེ་འདྲ་བཟློག་མེད་མཐོང་བ་ན། །
དེ་ནས་སྔར་གྱི་ང་དེ་བློས་བཟུང་ནས། །

འདི་ནི་ད་བར་ཡོད་ཤག་བྱས་པ་ལས། །
ཡོད་མེད་རྟོག་དཔྱོད་མ་བྱས་ལན་པར་འདུག །
ད་ནི་ཕུང་གསུམ་སེལ་བའི་ཡོད་ཚུལ་གཉིས། །
གང་དུའང་མེད་ཕྱིར་གཏན་ནས་མེད་སྙམ་དུ། །

མེད་དགག་སྟོང་སང་དེ་ལ་ཅི་གནས་བྱ། །
དགག་བྱའི་ང་དེ་གཏན་ནས་མེད་པ་དང་། །
ཡོད་རྒྱུའི་ང་དེ་རང་ངོས་མེད་པ་གཉིས། །
དོན་ཡང་གཅིག་ལ་རྟོགས་པའང་དུས་མཉམ་མོ། །

ཡང་ན་གཞན་ལ་མི་ལྟོས་རང་དབང་བའི། །
བདག་འདི་མེད་དེ་ཕུང་མིན་དེ་གཞན་མིན། །
ཕུང་པོའི་རྟེན་མིན་ཕུང་པོར་བརྟེན་པའང་མིན། །
ཕུང་དང་མི་ལྡན་དབྱིབས་མིན་ཚོགས་མིན་ཕྱིར། །

ཤིང་རྟ་བཞིན་ཏེ་ཆོས་རྣམས་ཀུན་ལ་སྦྱོར། །
རྗེས་ཀྱི་སྐབས་སུའང་དཔེར་ན་རང་ཉིད་ལ། །
གཞན་གྱིས་ཚིག་ངན་ཆེ་ཞིག་བྱུང་བ་ན། །
ང་ལ་ཟེར་བྱུང་སྙམ་པའི་ང་དེ་ཉིད། །

སྣང་ཚུལ་བདག་མེད་མ་སྒོམ་གོང་འདྲ་ཡང་། །
ཞེན་ཚུལ་མི་འདྲ་དེ་མ་ཐག་ཉིད་དུ། །
འདི་ལ་ཟེར་རྒྱུ་ཡོད་འདི་མེད་པ། །
སྙམ་དུ་རྒྱུ་མཚན་དང་བཅས་དྲན་པར་བྱ། །

དེ་ཚེ་ཞིབ་དུ་རྟགས་ན་བདག་འཛིན་གྱི། །
དམིགས་གཏད་ང་དེ་ཁེགས་པས་དེར་རྟེན་པའི། །
རྣམ་བཞག་ཐམས་ཅད་གཏན་མེད་སོང་ན་ཡང་། །
ང་ཞེས་རྟགས་པའི་མིང་རྐྱང་དེ་ཉིད་ལ། །

དེ་དུས་གཏམ་སོགས་བྱས་པ་བསྐྱོན་མེད་གྲུབ། །
གཞན་ཡང་རང་ལ་ང་གཉིས་མི་ལྡན་ཞིང་། །
ལྡན་པའི་ང་དེ་ཕུང་པོ་འདི་ཉིད་ལས། །
ལོགས་སུ་ཡོད་ན་ལག་སོགས་ན་བ་ན། །

ང་ན་ཞེས་པའི་རྣམ་བཞག་ཐམས་ཅད་བརླགས། །
ཚུལ་འདི་དགོངས་ནས་འཕགས་པ་ཀླུ་སྒྲུབ་ཀྱིས། །
རང་བཞིན་མེད་ལ་ཚུར་བརྗོད་སྐྱོན་མཐའ་དག །
འཕགས་པའི་བདེན་པ་བཞི་པོ་ཞེས་སོགས་ཀྱིས། །

ཕར་ལ་ལྡོག་སྟེ་བཀོད་པར་མཛད་པ་ཡིན། །
ཆོས་ཀུན་རང་རང་ངོས་ནས་ཁྲིག་ཁྲིགས་པ། །
སྣང་བ་དེ་བཞིན་དོན་ལའང་དེ་ཡིན་ན། །
གཞན་ལ་བརྟེན་ནས་འགྱུར་ལྡོག་མི་འཐད་ཅིང་། །

སོ་སྐྱེས་གནས་ལུགས་མངོན་སུམ་མཐོང་ཟིན་པས། །
འཕགས་པའི་མཉམ་བཞག་ཡེ་ཤེས་དགོས་མེད་དང་། །
དེ་ཉིད་དངོས་པོའི་འཇིག་རྒྱུར་ཐལ་སོགས་མང་། །
ཆོས་ཀུན་རང་རང་རྟོག་པ་དེ་ཁོ་ནའི། །

དབང་གིས་བཞག་པའམ་ཡོད་པར་གོ་དགོས་ཏེ། །
སྟོང་ལ་ངེས་པ་ཡུད་ཙམ་མ་འདྲོང་པར། །
ཇི་ཙམ་བཤད་ཀྱང་བདེན་པར་གྲུབ་པ་ལ། །
རྟེན་འབྲེལ་བསྒྲེ་བའི་ལུགས་སྲོལ་ཞིག་ལས་མེད། །

འཇོག་བྱེད་རྟོག་པའང་བུམ་པ་ལ་མཚོན་ན། །
ལྟོ་ལྡིར་ལ་སོགས་བུམ་པའི་རྟེན་འབྲེལ་ཀུན། །
ཚོགས་སར་བཀག་ཀྱང་མི་ཐུབ་མ་ཚོགས་སར། །
གཏན་མི་སྐྱེ་བའི་རྟོག་པ་ལ་བྱ་སྟེ། །

རྟོག་འདི་ཡོད་མེད་ཁོ་ནས་འཇོག་པས་ན། །
བུམ་སོགས་དེ་ལ་རག་ལས་དེ་ཡི་ཕྱིར། །
ལྟོས་གྲུབ་བརྟེན་བཏགས་གཉིས་ཀྱི་ཕྱི་མ་ཕྲ། །
བུམ་ཆུ་བུམ་མིན་ལྟོ་བའང་བུམ་པ་མིན། །

ཟེར་སོགས་རྟེན་འབྲེལ་ཤིག་པའི་སྟོང་པ་སྟེ། །
དེ་ལ་བློས་བྱས་ཉི་ཚེའི་སྟོང་པའང་ཟེར། །
འོན་ཀྱང་བུམ་སོགས་དེ་ལྟར་བཙལ་བའི་ཚེ། །
རྙེད་པ་གཏན་མེད་ངེས་པའི་བློ་དེ་ཡིས། །

བུམ་སོགས་བཏགས་དོན་བཙལ་སྙེད་དུ་འཛིན་པའི། །
བདེན་འཛིན་དེ་ཡི་ཞེན་ཡུལ་མ་ཁེགས་སམ། །
ཟེར་ན་དེ་ལ་ཞིབ་ཆ་ཇི་ཡོད་དཔྱད། །
གོང་གི་ཚོལ་ལུགསའང་རྟོག་པས་བུམ་པ་ཞེས། །

བཏགས་ཙམ་དེ་ཡིས་ཆོག་པར་མ་གྲུས་པར། །
འཚོལ་གྱིས་འཇིག་རྟེན་རང་གས་དཔྱད་པ་མིན། །
རིགས་པས་དཔྱད་ནས་གང་ཟག་ལ་སོགས་ལ། །
རང་གི་ངོ་བོས་གྲུབ་པའི་ཡུལ་སྙེད་དུ། །

སྤྱོད་ཚུལ་ཅུང་ཟད་ཞིག་ཀྱང་མི་འདུག་གོ །
སྣམ་ལ་དེར་རྟེན་སྣང་བ་འདི་རྣམས་ཀྱང་། །
བན་བུན་འཆར་ཙམ་དཀའ་མིན་དཀའ་ས་ནི། །
ངོ་བོས་གྲུབ་པ་མ་ལུས་ཁེགས་པ་དང་། །

ཁེགས་པའི་གང་ཟག་ལས་འབྲས་རྟེན་བཞིན་ནུ །
ངེས་པ་རྙེད་པ་གཉིས་ཚོགས་དེ་ཡིན་གསུངས། །
རང་སྙིང་བདག་མེད་བསྒོམ་ཚུལ་ཇི་ལྟ་བར། །
གཞན་གྱི་སྐྱེ་འཕགས་གང་ཟག་ཐམས་ཅད་དང་། །

ཕྱི་ནང་ཁམས་ཀྱི་འདུས་པའི་ཆོས་ཀུན་ཀྱང་། །
ཐམས་ཅད་ཆ་ཤས་དུ་མ་འདུས་པ་ཡི། །
ཆ་བཅས་ཤ་སྟག་ཡིན་ལ་ངེས་པ་དྲངས། །
དེ་ནས་སྣང་ཚུལ་ལྟར་གྱི་ཆོས་འདི་རྣམས། །

ཡོད་ན་ཆ་ཤས་ཁོངས་ནས་དེ་དག་དང་། །
དབྱེར་མེད་གཅིག་དང་འབྲེལ་མེད་ཐ་དད་གཉིས། །
གང་རུང་ཞིག་ལས་འདའ་བ་མེད་པའི་མཐའ། །
བཀག་ནས་དེ་གཉིས་གང་དུ་གྲུབ་བྱས་ཀྱང་། །

མངོན་སུམ་གནོད་བྱེད་བཟློག་མེད་མཐོང་བའི་ཕྱིར། །
ཆོས་ཀུན་བདེན་པར་མེད་པའི་དོན་དུ་འཇོག །
གཞན་ཡང་ཕུང་པོ་ལ་སོགས་དངོས་པོ་རྣམས། །
བདག་དང་གཞན་དང་གཉིས་དང་རྒྱུ་མེད་ལས། །

སྐྱེ་བ་མེད་ཕྱིར་རང་བཞིན་སྐྱེ་བ་མེད། །
བདག་ལས་སྐྱེ་ན་དོན་མེད་ཐུག་མེད་འགྱུར། །
གང་དེ་དེ་མིན་རྒྱུ་འབྲས་རྟག་མཐོང་འགྱུར། །
འཇིག་རྟེན་མཐོང་འགལ་བྱ་བྱེད་ཀུན་གཅིག་འགྱུར། །

གཞན་ལས་སྐྱེ་ན་མེ་ལས་མུན་འབྱུང་ཞིང་། །
རྒྱུ་དང་རྒྱུ་མིན་ཀུན་ལས་ཀུན་འབྱུང་འགྱུར། །
གཞན་ཕྱིར་རྒྱུད་གཅིག་མི་རུང་གྲོ་ནས་བཞིན། །
དུས་མཉམ་དེ་མེད་གཞན་ལས་གཞན་སྐྱེ་ཅི། །

སྔ་ཕྱི་གཞན་འགོག་ལྡོག་ཕྱུང་གཅིག་སོགས་འབྲེལ། །
མཐའ་བཞི་མི་འདོད་གཞན་སྐྱེ་འཇིག་རྟེན་དུའང་། །
མེད་པར་བཤད་ཕྱིར་འདིར་འདོད་སྐྱོན་པའི་གར། །
བདག་གཞན་རེ་རེའི་མིན་ཕྱིར་གཉིས་སྐྱེའང་ཁེགས། །

རྒྱུ་མེད་སྐྱེ་ན་འབད་པ་དོན་མེད་ཅིང་། །
མཐོང་དང་འགལ་ལ་ཀུན་ལས་ཀུན་སྐྱེའང་འགྱུར། །
གཞན་ལས་སྐྱེ་ན་ཡོད་མེད་གཉིས་མིན་སྒྲང་། །
ཡོད་ལ་ཅི་དགོས་མེད་ལ་བྱ་བྱེད་བྲལ། །

གཉིས་ཡིན་རེས་བསལ་གཉིས་བྲལ་ལ་དེ་ཅི། །
དེ་ལྟར་དཔྱད་ནས་སྟོང་པ་ངེས་པ་ན། །
དེ་ཉིད་དང་པོར་རིབ་ཙམ་རིབ་ཙམ་རེ། །
མཉམ་པར་འཇོག་པ་མ་གཏོགས་རྒྱུན་རིང་ན། །

སྐད་ཅིག་གཉིས་པར་སྟོང་སང་མཁའ་ལྟ་བུའི། །
སྣང་བར་འགྱུར་ཚེ་གནས་ལུགས་བསྒོམས་པ་མིན། །
གཞི་གཅིག་སྟེང་དུ་རིག་ཤེས་ཀྱིས་བཀག་པ། །
དེ་ཉིད་ཐ་སྙད་ཤེས་པས་མི་འཇོག་ཅིང་། །

ཐ་སྙད་ཤེས་པ་ཚད་མས་གང་བཞག་པ། །
དེ་ཉིད་རིག་ཤེས་ཀྱིས་ཀྱང་མ་བཀག་པའི། །
ཟུང་འཇུག་འདི་ལ་གོ་བ་སྙེད་དགོས་སོ། །
སྟོང་སྦྱོར་ངེས་པ་ཕུ་ཐག་ཆོད་པའི་རྗེས། །

ཁྱེ་བྲག་སྟོང་ཉིད་བཅོ་བརྒྱད་ཀྱི་ནང་ནས། །
སྟོང་པ་ཉིད་ཀྱི་སྟོང་ཉིད་བསྒོམ་དགོས་ཏེ། །
གཉིས་སྣང་ནུབ་ལ་སྨུར་ཁྱད་ཡོད་པས་སོ། །
རིགས་དེས་སྦྱོར་ལམ་མཉམ་བཞག་ཡེ་ཤེས་ལའང་། །

སྟོང་ཉིད་བདེན་མེད་སྣང་ཡང་སྟོང་ཉིད་ཀྱི། །
བདེན་མེད་བདེན་གྲུབ་སྣང་ལས་མི་འདའ་བས། །
དེ་ལ་སྟོང་ཉིད་བདེན་པར་མེད་པ་དང་། །
བདེན་གྲུབ་གཉིས་ཀ་སྣང་ཞེས་ཡིག་ཆར་གསུངས། །

གཞན་ཡང་སྟོང་ཉིད་ཇི་བཞིན་ངེས་པ་ནི། །
ད་ལྟའི་སྣང་ཚུལ་སྐྱོན་གྱི་མ་གོས་པའི། །
ཐ་སྙད་ཇི་བཞིན་ངེས་ལ་རགས་ལས་ཏེ། །
ཐ་སྙད་བདེན་པ་ཐབས་སུ་གྱུར་པ་དང་། །

ཞེས་པའི་དགོངས་པའི་དོན་ལ་འགྲོ་འམ་དཔྱད། །
སྤྱིར་ན་གཞི་དེ་ཀུན་རྫོབ་ཀྱི་བདེན་པར། །
རྟོགས་དང་བརྟེན་པར་གྲུབ་པ་རྟོགས་པ་ལ། །
གཞི་དེ་བདེན་སྟོང་སྟོན་ལ་རྟོགས་དགོས་གསུངས། །

སྐྱོངས་ཚུལ་གཞན་ཡང་རང་རྔོར་གང་དང་གང་། །
ཤར་ཡང་ཚུལ་ལ་ཤར་བའི་འགལ་ཟླ་སོགས། །
ཕར་ལ་རྣམ་རྟོག་ཚད་མས་དེ་དང་དེར། །
འཛིན་པའམ་བཏགས་པ་ཙམ་དུ་ངེས་པ་ན། །

ཚུར་ཤར་ཚུགས་ཐུབ་གྲུབ་པ་འདི་མེད་དེ། །
གང་ཤར་རྟེན་ནས་བཏགས་པ་ཡིན་པའི་ཕྱིར། །
ཞེས་པའི་རྟེན་འབྲེལ་རྟགས་འདི་བསམ་པར་བྱ། །
ད་དུང་ཐུམ་པར་མཚོན་ན་རང་སྟོབས་ཀྱིས། །

ཚུར་ལ་ཤར་བའི་ཐུམ་པ་ལྟོས་མེད་དེ། །
གཞན་སྟོབས་རྟེན་འབྲེལ་ཚད་མས་ཕར་ལ་ཁེགས། །
ཁེགས་ཤུལ་སྟོང་པ་ཚུར་ལ་ཤར་བ་ལ། །
རིག་པ་ཕར་ལ་ལུགས་ནས་སྐྱོངས་དགོས་སོ། །

བུམ་སོགས་རང་རང་རྒྱུ་རྐྱེན་གདགས་གཞི་སོགས། །
གང་ལ་ལྟོས་སའི་ཆོས་རྣམས་ཡོད་མེད་ཀྱི། །
དབང་དུ་སོང་དང་རྒྱུ་སོགས་དེ་དག་ལ། །
ལྟོས་པའི་རགས་ལས་ཁོ་ན་ཡིན་པ་ལ། །

ཐ་ན་མིག་གིས་ལྟ་བ་ཙམ་ཆད་ཀྱིས། །
ངེས་ཤེས་བརྟན་པོ་འཚོལ་བ་གལ་ཆེ་སྟེ། །
དེ་ལྟར་ནན་གྱིས་སྒྲུངས་ན་བུམ་པ་དེ། །
མཐོང་ཐོས་དྲན་རིག་གང་གི་སྣབས་སུའང་། །

ནམ་མཁར་བལྟས་པའི་ཚོད་ཀྱི་སྟོང་སང་ཞིག །
འཆར་ལ་དེ་ཡི་བུམ་པའི་ཐ་སྙད་ལ། །
གཞོད་པ་ལྟར་བཞག་བུམ་པའི་ཆེ་ཆུང་སོགས། །
རྣམ་བཞག་ཐམས་ཅད་སྟོང་སང་དེ་ཁོ་ནར། །

འཐད་ཀྱི་གཞན་ལ་མིན་པས་ཡོད་ཚད་ཀྱི། །
རྟེན་འབྲེལ་ཐམས་ཅད་སྟོང་པའི་དྲིན་དུ་མཐོང་། །
སྣང་ཡང་དེས་སྟོང་སྟོང་ཡང་དེར་སྣང་བའི། །
སྒྱུ་མ་སྟོང་པ་སྒྱུ་མ་ལྟ་བུ་དང་། །

ཕྱི་མ་སྣང་བ་སྒྱུ་མའི་འཆར་ཚུལ་ཡིན། །
འཆར་ཚུལ་འདི་ལ་སྟོང་ཉིད་རྟོགས་ཟིན་དགོས། །
སྣང་ཙམ་འཐད་ཀྱང་སྣང་བ་ལྟར་དུ་ནི། །
མི་ལྡན་ཕྱིར་ན་རྨི་ལམ་ལྟ་བུའོ། །

དཔེ་ལ་མེ་ལོང་ནང་གི་གཟུགས་བརྙན་ནི། །
བྱད་དང་མེ་ལོང་འདུས་པ་ལ་སོགས་པ། །
གཞན་ལ་རགས་ལས་ཁོ་ནའི་རྒྱུ་མཚན་གྱིས། །
ད་ལྟ་འདི་ནི་གཟུགས་བརྙན་ཡིན་བསམ་སའི། །

སྣང་བ་ལྟར་འདི་གཏན་མེད་ངེས་པ་ན། །
གཟུགས་བརྙན་རང་བཞིན་མེད་པ་ངེས་པ་ཡིན།
དེ་ཚེ་གཟུགས་བརྙན་བཀག་མིན་འཇོག་དགོས་ཏེ། །
ཡོད་ཚུལ་ཇི་འདྲ་བ་ཞིག་བསམ་པའི་ཚེ། །

བཏགས་ཡོད་མིང་རྐྱང་ཙམ་ལ་འཇོག་པ་ཡིན། །
འཇོག་ཚུལའང་བྱད་སོགས་རྟེན་འབྲེལ་ཀུན་ཚོགས་སར། །
དབང་མེད་སྐྱེ་བའི་རྟོག་པ་ཚད་མ་དེས། །
བཏགས་པའམ་བསམ་པའི་དབང་གིས་ཡོད་པར་བཞག །

བཏགས་ནས་ཡོད་པ་མིང་རྐྱང་དེ་ཙམ་གྱིས། །
མཚམས་པར་བྱས་ནས་འཇོག་པ་ཙམ་མ་གཏོགས། །
གཟུགས་བརྟན་རང་གི་ངོས་ནས་ཡོད་ཚུལ་མེད། །
གཟུགས་ཀྱི་སྟེང་ནས་འདི་འགོག་འདི་མི་འགོག །

ཅེས་པའི་དགག་འཇོག་རྣམ་གཉིས་གཟུགས་བརྟན་གྱི། །
དཔེ་ཡི་སྟེང་ནས་ཕྱེད་ཚུལ་ཤེས་པ་ཞིག །
ལྟ་བ་རྙེད་ལ་མེད་ཐབས་མེད་པར་གསུངས། །
ཆོས་རྣམས་ལྟོས་མེད་རང་དབང་དུ་གྲུབ་པ། །

གཞན་ལ་ལྟོས་ནས་གྲུབ་པར་སྣང་བས་སེལ། །
ལྟོས་གྲུབ་སྣང་བ་ཐམས་ཅད་གདན་མེད་པ། །
ལྟོས་མེད་རང་དབང་སྟོང་པར་རྟོགས་པས་སེལ། །
རྒྱུ་འབྲས་རང་བཞིན་མེད་པ་དེ་ཁ་རང་། །

གཞན་ལ་རྟེན་ནས་རྒྱུ་འབྲས་སོ་སོར་ཤར། །
སྟོང་ཉིད་རྒྱུ་དང་འབྲས་བུར་འཆར་ཚུལ་ཡིན། །
དེ་ལྟར་སྟོང་པ་ཉིད་ལ་ངེས་རྙེད་ནས། །
ནམ་ཞིག་ལྟ་བའི་དཔྱད་པ་རྫོགས་པའི་ཚེ། །

རྣམ་པར་ཤེས་པ་དབང་པོའི་ཤེས་པ་ལ། །
རང་རང་ཡུལ་གྱི་སྣང་བ་ཤར་ཙམ་དེས། །
རིགས་པའམ་རྒྱུ་མཚན་གཞན་ལ་ལྟོས་མེད་དུ། །
རང་ཡུལ་སྟོང་པ་ངེས་པའི་ངེས་ཤེས་འདྲེན། །

དཔེར་ན་མིག་དབང་བསླད་པའི་སྐྱེ་བོ་ཡིས། །
ཟླ་གཉིས་མེད་པ་སྟོན་ནས་ཤེས་པའི་མཐུས། །
མིག་ལ་ཟླ་གཉིས་སྣང་བ་དེ་ཉིད་ཀྱིས། །
ཟླ་གཉིས་མེད་པའི་ངེས་པ་འདྲེན་བཞིན་ནོ། །

ཚུལ་འདིར་འབད་ལས་བྱུང་བ་ཡི། །
དགེ་བ་གང་ཞིག་མཆིས་པ་ཀུན། །
ཡང་དག་ལྟ་བ་རིན་པོ་ཆེ། །
མྱུར་དུ་སྐྱེ་བའི་རྒྱུར་གྱུར་ཅིག །

འདི་ཡང་སྐལ་པ་ བླཱུཏ་ སྭ་ མུཏ་ མིང་གཞན་སྐལ་བཟང་རྒྱ་མཚོ་ཞེས་ པས་ སྦྱར་ བ་ དགེ་ལེགས་འཕེལ།། །།

༄། །གྲུབ་ཆེན་དྲིལ་བུ་ལུགས་ཀྱི་དཔལ་འཁོར་ལོ་
སྡོམ་པ་ལུས་དཀྱིལ་གྱི་སྒྲུབ་ཐབས་ཉམས་སུ་ལེན་ཚུལ་
རྒྱུད་ཀྱི་སྙིང་པོ་ཞེས་བྱ་བ་བཞུགས་སོ། །

ཧེ་རུ་ཀ་ཕྱག་གཉིས་པ།

༄། །གྲུབ་ཆེན་དྲིལ་བུ་ལུགས་ཀྱི་དཔལ་འཁོར་ལོ་སྡོམ་པ་ལུས་དཀྱིལ་གྱི་སྒྲུབ་ཐབས་ཉམས་སུ་ལེན་ཚུལ་རྒྱུད་ཀྱི་སྙིང་པོ། །

༄། །དཔལ་འཁོར་ལོ་སྡོམ་པ་ལུས་དཀྱིལ་གྱི་དབང་ཁྲིད་ཐོབ་ཅིང་ལམ་འདིའི་བསྐྱེད་རྫོགས་ཀྱི་རིམ་པ་ལ་སྦྱོང་བ་ཁྱད་པར་ཅན་སྐྱེ་འདོད་པ་རྣམས་ནས་སྙིང་བསྡུས་འདི་ལྟར་ཉམས་སུ་ལེན་པར་བྱའོ།

སྐྱབས་སེམས་ནི།

མདུན་གྱི་ནམ་མཁར་རྩ་བའི་བླ་མ་དང་། །
དབྱེར་མེད་འཁོར་ལོ་སྡོམ་པ་ཡབ་ཡུམ་ལ། །
བླ་མ་ཡི་དམ་མཆོག་གསུམ་མཁའ་འགྲོའི་ཚོགས། །
སྐྱབས་ཡུལ་རྒྱལ་བ་རྒྱ་མཚོའི་བསྐོར་ནས་བཞུགས། །

རྡོ་རྗེ་འཆང་།

སངས་རྒྱས་ཆོས་དང་དགེ་འདུན་ལ། །
རྟག་ཏུ་བདག་ནི་སྐྱབས་སུ་མཆི། །
སེམས་ཅན་ཀུན་གྱི་དོན་གྱི་ཕྱིར། །
བདག་ནི་ཧེ་རུ་ཀར་གྱུར་ཅིག །

ལན་གསུམ། སྐྱབས་ཡུལ་རང་ལ་ཐིམ་པས་བྱིན་གྱིས་བརླབས་པར་བསམ་མོ།

སྒོ་གསུམ་དག་པར་བྱེད་པ་ནི།

བདེ་སྟོང་ངང་ལས་རང་ཉིད་ཧེ་རུ་ཀཿ
སྐུ་མདོག་སྔོན་པོ་ཞལ་གཅིག་ཕྱག་གཉིས་ཀྱིས། །
རྡོར་དྲིལ་བཟུང་ནས་རྡོ་རྗེ་ཕག་མོ་ལ། །
འཁྱུད་ཅིང་གཡས་བརྐྱངས་སྟབས་ཀྱིས་བཞུགས་པར་གྱུར། །

གནས་དང་ལོངས་སྤྱོད་དག་པར་བྱེད་པ་ནི།

རང་གི་ཐུགས་ཀའི་ཧཱུྃ་ཡིག་འོད་ཟེར་གྱིས། །
སྣོད་བཅུད་ཀུན་སྦྱངས་དག་པ་རབ་འབྱམས་དང་། །
འཁོར་གསུམ་ཡོངས་དག་ཟག་མེད་བདེ་སྐྱེར་བའི། །
མཆོད་ཚོགས་རྒྱ་མཚོས་ཐ་དབུས་གང་བར་གྱུར། །

སྡིག་སྒྲིབ་དག་པར་བྱེད་པ་ནི།

སྤྱི་གཙུག་པད་ཟླར་རྡོར་སེམས་ཡུམ་དང་བཅས། །
བཞུགས་པ་ཡེ་ཤེས་པ་དང་དབྱེར་མེད་པའི། །

ཐུགས་ཀའི་སྔགས་འཕྲེང་འོད་དང་བདུད་རྩི་ཡིས། །
སྒོ་གསུམ་སྡིག་སྒྲིབ་མ་ལུས་སྦྱངས་པར་གྱུར། །
ཨོཾ་བཛྲ་སཏྭོ་སཏྭ་སིདྡྷི་ཧཱུཾ། །ཡན་གང་མང་།

བླ་མའི་རྣལ་འབྱོར་བྱིན་བརླབ་འཇུག་པའི་སྒོ་ཉམས་སུ་ལེན་ཚུལ་ལ་ཚོགས་ཞིང་གསལ་འདེབས་པ་ནི།

མདུན་དུ་པད་ཉི་དྲག་པོ་དབུ་མའི་སྟེང་། །
རྗེ་བའི་བླ་མ་འཁོར་ལོ་བདེ་བའི་མཆོག །
སྐུ་མདོག་མཐིང་ག་བཻཌཱུརྻ་རི་བོ་བཞིན། །
གཡོན་སྐོར་སྔོ་ལྗང་དམར་སེར་ཞལ་བཞི་པ། །

རྗེ་ཕྱག་རྡོར་དྲིལ་འཛིན་པས་ཡུམ་ལ་འཁྱུད། །
དེ་འོག་གཉིས་གཉིས་རིམ་པས་གླང་ལྤགས་དང་། །
ཅང་ཏེའུ་ཁ་ཊྭཾ་དགྲ་སྟ་ཐོད་ཁྲག་དང་། །
གྲི་གུག་ཞགས་པ་རྩེ་གསུམ་ཚངས་མགོ་བསྣམས། །

གར་དགུའི་ཉམས་ལྡན་རུས་པའི་རྒྱན་དྲུག་གསོལ། །
ཐོར་ཅོག་ཟླ་ཕྱེད་སྣ་ཚོགས་རྡོ་རྗེས་མཚན། །
མགོ་རློན་ཕྲེང་དང་སྟག་ལྤགས་ཤམ་ཐབས་ཅན། །
གཡས་བརྐྱངས་སྟབས་ཀྱིས་མེ་དཔུང་དབུས་ན་བཞུགས། །

ཕག་མོ་དམར་མོ་ཕྱག་རྒྱ་ལྔས་བརྒྱན་ཅིང་། །
གྲི་ཐོད་བཟུང་སྟེ་ཡབ་ལ་འཁྲིལ་སྦྱོར་མཛད། །
གཙོ་བོའི་སྐུ་ཡང་འབྱུང་བཞིའི་རི་རབ་དང་། །
གཞལ་ཡས་ཁང་གི་རྣམ་པར་གནས་པའི་དབུས། །

ཆོས་ཀྱི་འཁོར་ལོར་དཔྱིད་དང་ཐིག་ལེའི་དངོས། །
ཧེ་རུ་ཀ་དང་ཕག་མོ་མཉམ་པར་སྦྱོར། །
ཕྱོགས་བཞིར་འབྱུང་བའི་རྩ་འདབ་མཁའ་འགྲོ་བཞི། །
མཚམས་ཀྱི་རྩ་འདབ་ཐོད་པ་བདུད་རྩིར་བཅས། །

སྟོད་བར་སྨད་ཀྱི་ཉེར་བཞིའི་གནས་རྣམས་སུ། །
རྩིབས་ཤུན་ཁོང་སྟོང་ཁྱེར་བའི་རྣམ་པ་རུ། །
ཁམས་ཀྱི་ངོ་བོ་དཔའ་བོ་ཉེར་བཞི་ལ། །
རྩ་ཡི་རང་བཞིན་དཔའ་མོ་ཉེར་བཞིས་འཁྱུད། །

དབང་པོའི་སྒོ་ལ་སྒོ་མཚམས་མ་མོ་བརྒྱད། །
བཞུགས་ཤིང་མཐའ་སྐོར་དངོས་བརྒྱུད་བླ་མ་དང་། །
ཡི་དམ་ལྷ་ཚོགས་སྐྱབས་གནས་དཀོན་མཆོག་གསུམ། །
དཔའ་བོ་མཁའ་འགྲོ་ཆོས་སྲུང་རྒྱ་མཚོས་བསྐོར། །

གནས་གསུམ་ཡིག་གེ་གསུམ་མཚན་ཧཱུྃ་ཡིག་གི །
འོད་ཀྱིས་ཡེ་ཤེས་འཁོར་ལོ་སྤྱན་དྲངས་ཏེ། །
དམ་ཚིག་པ་དང་དབྱེར་མེད་བརྟན་པར་གྱུར། །

ཕྱག་འཚལ་བ་ནི།

ཨ་ཧཾ་མཉམ་སྦྱོར་བདེ་བའི་རོལ་པ་ལས། །
འཁོར་ལོ་ལྷ་ཡི་ལྷ་ཚོགས་སྤྲོ་མཛད་ཅིང་། །
བརྟན་གཡོ་རབ་འབྱམས་དེ་ཡི་ངོ་བོར་སྡུད། །
བླ་མ་འཁོར་ལོའི་མགོན་པོར་བསྟོད་ཕྱག་འཚལ། །

ཕྱི་ནང་གསང་བ་དེ་ཁོ་ན་ཉིད་ཀྱི་མཆོད་པ་འབུལ་བ་ནི།

ཉེར་སྤྱོད་བཀྲ་ཤིས་རྟགས་རྫས་མཆོད་པའི་སྤྲིན། །
རྫས་བཅུ་སྦྱངས་རྟོགས་སྦར་བྱས་ཨ་མྲི་ཏ། །
ལྷན་སྐྱེས་བདེ་བའི་དགྱེས་སྐྱེད་ཕྱག་རྒྱར་བཅས། །
དོན་དམ་བྱང་ཆུབ་སེམས་མཆོག་དང་དུ་འབུལ། །

བཤགས་པ་ནི།

ཐོག་མ་མེད་ནས་སྲིད་པར་འཁྱམས་པ་ན། །
མཚན་མར་འཛིན་པས་ཡོངས་སུ་བསླམས་པ་ཡིས། །
སྒོ་གསུམ་སྡིག་ལྟུང་ཇི་སྙེད་བགྱིས་པ་ཀུན། །
དམིགས་མེད་འོད་གསལ་དབྱིངས་སུ་དག་པར་མཛོད། །

ཆོས་འཁོར་བསྐོར་བ་བསྐུལ་བ་དང་བསྔོ་བ་ནི།

སྲིད་པའི་གྲུ་བ་ལྷ་མིན་མགྲིན་གཅོད་པའི། །
མཚོན་རྣོན་བདེ་སྟོང་ཡེ་ཤེས་འཁོར་ལོ་ཆེ། །
བསྐུལ་བའི་མཐར་ཡང་ལུས་ཅན་ཡིད་མཁའ་ལ། །
བསྐོར་བས་ངེས་དོན་ལྷ་མཆོག་རྒྱལ་གྱུར་ཅིག །

མཎྜལ་འབུལ་བ་ནི།

གཞན་ཡང་བདག་གིས་བྱེ་བ་ཕྲག་བརྒྱ་ཡི། །
གླིང་བཞི་རི་རབ་ཉི་ཟླ་རིན་ཆེན་བདུན། །
རིན་ཆེན་མཎྜལ་ཀུན་བཟང་མཆོད་སྤྲིན་བཅས། །
རྣམ་པར་དག་པའི་ཞིང་དུ་ལེགས་མོས་ནས། །
བླ་མ་ཡི་དམ་དཀོན་མཆོག་གསུམ་ལ་འབུལ། །
ཐུགས་རྗེས་བཞེས་ནས་བྱིན་གྱིས་བརླབ་ཏུ་གསོལ། །

དབང་བཞི་ལེན་པ་ནི།

ཆོས་བདེན་བདག་ཉིད་བླ་མ་ཧེ་རུ་ཀཿ
ཁྱོད་མིན་སྐྱབས་གཞན་གང་དུའང་མི་འཚོལ་བས། །
སྒོ་གསུམ་དྲི་མ་མཐའ་དག་དྲུང་ཕྱུང་སྟེ། །
བདེ་ཆེན་སྐུ་བཞི་ཐོབ་པར་བྱིན་གྱིས་རློབས། །

དེ་ལྟར་རྩེ་གཅིག་གསོལ་བ་བཏབ་པ་ན། །
སྤྲུལ་པའི་ཕག་མོ་མཁའ་འགྲོ་བཞི་བཅས་པས། །
བུམ་པའི་དབང་བསྐུར་ལུས་ཀྱི་སྒྲིབ་པ་སྦྱངས། །
བསྐྱེད་རིམ་ཕྲ་རགས་སྤྲུལ་སྐུ་འགྲུབ་པར་བྱས། །

བླ་མ་ཡབ་ཡུམ་སྙོམས་པར་ཞུགས་པ་ཡི། །
གསང་རྫས་མྱངས་པས་ངག་སྒྲིབ་རྩ་རླུང་སྦྱངས། །
ཀུན་རྫོབ་སྒྱུ་མའི་རྫོགས་རིམ་བསྒོམ་པ་དང་། །
རྒྱལ་གསུང་ལོངས་སྐུ་འགྲུབ་པའི་ནུས་པ་བཞག །

ཕག་མོ་རང་ལ་ཕྱག་རྒྱར་གནང་བ་དང་། །
སྙོམས་པར་ཞུགས་པས་དགའ་བཞིའི་ཡེ་ཤེས་སྐྱེས། །
ཡིད་ཀྱི་སྒྲིབ་སྦྱངས་དོན་དམ་འོད་གསལ་གྱི། །
རྫོགས་རིམ་ཆོས་སྐུ་དང་བཅས་འགྲུབ་པར་བྱས། །

བདེ་སྟོང་ཐུགས་དང་སྒྱུ་འཕྲུལ་དྲ་བའི་སྐུ། །
ཟུང་དུ་འཇུག་པའི་དོན་ལ་ངོ་སྤྲོད་པས། །
སྒོ་གསུམ་སྒྲིབ་བྲལ་ཟུང་འཇུག་རྡོ་རྗེ་འཆང་། །
འགྲུབ་པའི་ནུས་པ་ཡོངས་སུ་སྨིན་པར་གྱུར། །

བླ་བརྒྱུད་གསོལ་འདེབས་བྱ་བ་ནི།

གསང་ཆེན་ལྷ་ཡི་རྣལ་འབྱོར་ལ་བརྟེན་ནས། །
སྐལ་ལྡན་ཚེ་གཅིག་ཟུང་འཇུག་སར་འཁྲིད་མཛད། །
སྟོན་པ་ཧེ་རུ་ཀ་དཔལ་ཡབ་ཡུམ་ལ། །
གསོལ་བ་འདེབས་སོ་ཚེ་གཅིག་ཟུང་འཇུག་སྩོལ། །

རྡོ་རྗེ་དྲིལ་བུ་པ་དང་རུས་སྦལ་ཞབས། །
ཛ་ལན་དྷ་ར་ནག་པོ་པ་ལ་སོགས། །
ལམ་འདིའི་བརྒྱུད་པའི་བླ་མ་ཐམས་ཅད་ལ། །
གསོལ་བ་འདེབས་སོ་ཚེ་གཅིག་ཟུང་འཇུག་སྩོལ། །

ཁྱད་པར་རྒྱལ་བ་ཀུན་གྱི་ཐུགས་རྗེ་ཉིད། །
མ་ནོར་ལམ་སྟོན་བཤེས་གཉེན་སྐྱུར་ཤར་བ། །
རྩ་བའི་བླ་མ་བཀའ་དྲིན་ཅན་ཉིད་ལ། །
གསོལ་བ་འདེབས་སོ་ཚེ་གཅིག་ཟུང་འཇུག་སྩོལ། །

ངེས་འབྱུང་བྱང་སེམས་ཡང་དག་ལྟ་བ་དང་། །
རིམ་གཉིས་ལམ་གྱི་རིམ་པ་མཐའ་དག་ལ། །
བཅོས་མ་མིན་པའི་མྱོང་བ་ཁྱད་པར་ཅན། །
མྱུར་དུ་སྐྱེ་བ་བྱིན་གྱིས་བརླབ་ཏུ་གསོལ། །

ཧེ་རུ་ཀ་ཕྱག་བཅུ་གཉིས་པ།

མདོར་ན་བླ་མ་རྗེ་བཙུན་ཡབ་ཡུམ་གྱི། །
འབྲལ་མེད་རྗེས་བཟུང་བྱིན་གྱིས་བརླབ་པའི་མཐུའི། །
ས་ལམ་བགྲོད་པ་མྱུར་དུ་མཐར་ཕྱིན་ནས། །
ཧེ་རུ་ཀ་ཡི་གོ་འཕང་མྱུར་ཐོབ་ཤོག །

བླ་མ་རང་ལ་ཐིམ་པས་ལྷན་སྐྱེས་ཀྱི་བདེ་ཆེན་སྒྲུབ་པ་ནི།

ཚོགས་ཞིང་ཐམས་ཅད་མཐའ་ནས་རིམ་འདུས་ཏེ། །
རྩ་བའི་བླ་མ་ཧེ་རུ་ཀཿལ་ཐིམ། །
བླ་མ་དགྱེས་བཞིན་རང་གི་སྤྱི་བོར་བྱོན། །
ཚངས་བུག་ནས་ཞུགས་སྙིང་ཁར་རང་སེམས་དང་། །
ལྷན་སྐྱེས་བདེ་ཆེན་ངོ་བོར་རོ་གཅིག་བཞུགས། །

དངོས་གཞི་ལ་འཆི་བ་ཆོས་སྐུའི་ལམ་ཁྱེར་ནི།

རང་གི་ཐུགས་ཀའི་ཧཱུྃ་ཡིག་འོད་ཟེར་གྱིས། །
སྣོད་བཅུད་ཐམས་ཅད་འོད་ཞུ་རང་ལ་ཐིམ། །
རང་ཡང་ཡས་མས་རིམ་བཞིན་འོད་ཞུ་ནས། །
ཐུགས་ཀའི་ཧཱུྃ་ལ་ཐིམ་ཞིང་ཧཱུྃ་ཡིག་཈ང་། །
འོག་ནས་རིམ་བཞིན་ན་དའི་བར་དུ་ཐིམ། །
ན་དའང་རྗེ་ཕྲ་རྗེ་ཕྲར་གྱུར་བ་ལས། །
འོད་གསལ་སྟོང་པ་ཉིད་དུ་ཐིམ་པར་གྱུར། །
ཆོས་སྐུ་ཧེ་རུ་ཀཿདངོས་དེ་ངའོ་སྙམ་དུ་སྒོམ་མོ།

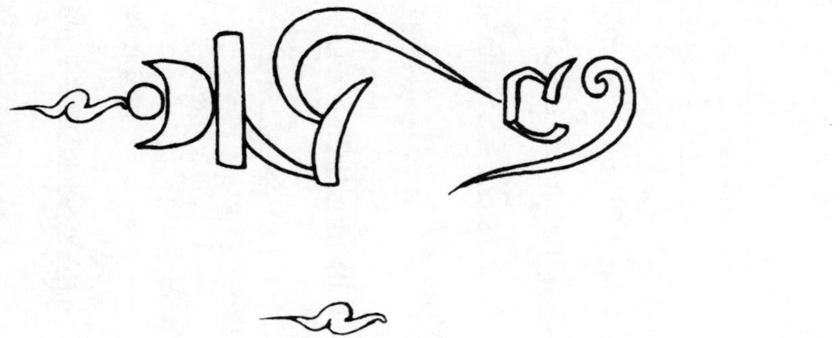

ཨོཾ།

ནཱ་དཱ།

བར་དོ་ལོངས་སྐུའི་ལམ་ཁྱེར་ནི།

དེ་ལས་རང་སེམས་ནཱ་དའི་གཟུགས་སུ་གདངས།
ལོངས་སྐུ་ཧེ་རུ་ཀཿདངོས་དེ་ངའོ་སྙམ་དུ་སྒོམ་མོ།

མངོན་བྱང་ལྔའི་སྒོ་ནས་སྐྱེ་བ་སྤྲུལ་སྐུའི་ལམ་ཁྱེར་སྒོམ་པ་ནི།

དེ་ཉིད་འབྱུང་བཞི་རི་རབ་པདྨའི་དབུས། །
དབྱངས་གསལ་ལས་བྱུང་ཟླ་བ་དཀར་དམར་གྱི། །
དབུས་སུ་ཞུགས་ལས་རིམ་གྱིས་ཧཱུྃ་ཡིག་གྱུབ། །
ཧཱུྃ་ལས་ཁ་མདོག་སྔོ་ལྔའི་འོད་འཕྲོས་པས། །
འགྲོ་ཀུན་འཁོར་ལོ་སྡོམ་པར་བཀོད་པ་དང་། །
ཕྱོགས་བཅུའི་ཞིང་བཞུགས་དཔའ་བོ་དཔའ་མོ་བཅས། །
ལྷན་གཅིག་སྤྱན་དྲངས་ཞུ་བ་ཧཱུྃ་ལ་ཐིམ། །
ཧཱུྃ་ཡིག་ལྷན་སྐྱེས་དགའ་བའི་ངོ་བོར་གྱུར། །
ཟླ་བ་དབྱངས་གསལ་ཧཱུྃ་བཅས་ཡོངས་གྱུར་ལས། །
བརྟན་དང་རྟེན་པ་ཐམས་ཅད་དུས་གཅིག་གྲུབ། །
སྤྲུལ་སྐུ་ཧེ་རུ་ཀ་དངོས་དེ་ངའོ་སྙམ་དུ་སྒོམ་མོ། །

བརྟེན་དང་བརྟེན་པར་བཅས་པ་ལ་དཔྱད་སྒོམ་བྱ་བ་ནི།

དེ་ཡང་རང་ཉིད་བཅོམ་ལྡན་ཧེ་རུ་ཀཿ
སྐུ་མདོག་མཐིང་ག་བཻཌཱུར་རི་བོ་བཞིན། །
གཡོན་སྐོར་སྤྱོ་ལྡང་དམར་སེར་ཞལ་བཞི་པ། །
རྩ་ཕྱག་རྡོར་དྲིལ་འཛིན་པས་ཡུམ་ལ་འཁྱུད། །

དེ་འོག་གཉིས་གཉིས་རིམ་པས་གླང་ལྤགས་དང་། །
ཅང་ཏེའུ་ཁ་ཊྭཱཾ་དགྲ་སྟ་ཐོད་ཁྲག་དང་། །
གྲི་གུག་ཞགས་པ་རྩེ་གསུམ་ཚངས་མགོ་བསྣམས། །
གར་དགུའི་ཉམས་ལྡན་རུས་པའི་རྒྱན་དྲུག་གསོལ། །

ཐོར་ཅོག་ཟླ་ཕྱེད་སྣ་ཚོགས་རྡོ་རྗེས་མཚན། །
མགོ་རློན་ཕྲེང་དང་སྟག་ལྤགས་ཤམ་ཐབས་ཅན། །
པད་ཉི་འཇིག་དུས་གདན་སྟེང་གཡས་བརྐྱང་རོལ། །
ཕག་མོ་དམར་མོ་ཕྱག་གྲི་ལྷས་བརྒྱན་ཅིང་། །
གྲི་ཐོད་བཟུང་སྟེ་ཡབ་ལ་འཁྲིལ་སྦྱོར་མཛད། །

ལུས་དཀྱིལ་གསལ་འདེབས་པ་ནི།

གཙོ་བོའི་སྐུ་ཡང་འབྱུང་བཞི་རི་རབ་དང་། །གཞལ་ཡས་ཁང་གི་རྣམ་པར་གནས་པའི་དབུས། །ཆོས་ཀྱི་འཁོར་ལོར་དབྱེད་དང་ཐིག་ལེའི་དངོས། །ཧེ་རུ་ཀ་དང་ཕག་མོ་མཉམ་པར་སྦྱོར། །ཕྱོགས་བཞིར་

འབྱུང་བའི་རྩ་འདབ་མཁའ་འགྲོ་བཞི། །མཚམས་ཀྱི་རྩ་འདབ་ཐོད་པ་བདུད་རྩིར་བཅས། །སྒྲ་མཚམས་སྤྱི་གཙུག་རྣ་གཡས་ལྷག་པ་དང་།། རྣ་གཡོན་སྙིན་མཚམས་མིག་གཉིས་ཕྲག་པ་གཉིས། །མཆན་ཁུང་གཉིས་དང་དེ་བཞིན་ནུ་མ་གཉིས། །ལྟེ་བ་སྣ་རྩེ་ཁ་མགྲིན་སྙིང་ཁ་དང་།། འབྲས་གཉིས་རྟགས་ཀྱི་རྩེ་དང་བཤང་ལམ་དང་། །བརླ་གཉིས་བྱིན་གཉིས་སོར་མོ་བཅུ་དྲུག་དང་། །བོལ་གཉིས་མཐེ་བོང་བཞི་དང་པུས་གཉིས་སྟེ། །སྟོད་བར་སྨད་ཀྱི་ཉེར་བཞིའི་གནས་རྣམས་སུ། །རྩེ་བས་ཤུན་ཁོང་སྟོང་ཕྱིར་བའི་རྣམ་པ་སྲུ །།ཁམས་ཀྱི་ངོ་བོ་དཔའ་བོ་ཉེར་བཞི་ལ། །རྩ་ཡི་རང་བཞིན་དཔའ་མོ་ཉེར་བཞིས་འཁྱུད། །དབང་པོའི་སྒོ་ལ་སྒོ་མཚམས་མ་མོ་བརྒྱད། །དྲུག་ཅུ་རྩ་གཉིས་ལྷ་ཚོགས་གཞལ་ཡས་ཁང་། །མཚན་ཉིད་ཐམས་ཅད་ཡོངས་སུ་ཚང་པ་དང་། །བསྲུང་འཁོར་དུར་ཁྲོད་བརྒྱད་བཅས་རྫོགས་པར་གྱུར། །

ཡེ་ཤེས་པ་སྤྱན་དྲངས་ནས་དམ་ཚིག་པར་ཐིམ་ཞིང་དབང་བསྐུར་རྒྱས་སྟབས་སོགས་བྱ་བ་ནི།

ཕཻཾ༔

གནས་གསུམ་ཡིག་གེ་གསུམ་མཚན་ཧཱུྃ་ཡིག་ལས། །
འོད་འཕྲོས་ཕྱོགས་བཅུའི་སངས་རྒྱས་མ་ལུས་པ། །
བསྒོམ་པ་དང་འདྲའི་དཀྱིལ་འཁོར་བའི་རྣམ་པར། །
དབང་ལྷ་དང་བཅས་སྤྱན་དྲངས་གཅིག་ཏུ་འདུས། །

ཛ་ཧཱུྃ་བཾ་ཧོ་དམ་ཡེ་དབྱེར་མེད་གྱུར།

དབང་ལྷས་དབང་བསྐུར་ལུས་གང་བདེ་བ་སྐྱོང་། །

ཆུ་ལྷག་ཡོངས་གྱུར་གཙོ་བོར་རྡོར་སེམས་དང་། །

ཕག་མོར་མི་བསྐྱོད་ཡུམ་བཞིར་རིན་ཆེན་འབྱུང་། །

ཐུགས་གསུང་སྐུ་དང་དམ་ཚིག་འཁོར་ལོ་བཞིར། །

མི་བསྐྱོད་སྣང་མཐའ་རྣམ་པར་སྣང་མཛད་དང་། །

དོན་ཡོད་གྲུབ་པ་བཅས་ཀྱིས་དབུ་རྒྱན་གྱུར། །

ནང་མཆོད་བྱིན་རླབས་ནི།

ཨོཾ་ཁཎྜ་རོ་ཧི་ཧཱུྃ་ཧཱུྃ་ཕཊ།

ཨོཾ་སྭ་བྷཱ་ཝ་ཤུདྡྷ་སརྦ་དྷརྨཿ སྭ་བྷཱ་ཝ་ཤུདྡྷོ྅ཧཾ།

སྟོང་པ་ཉིད་དུ་གྱུར། སྟོང་པའི་ངང་ལས་ཡཾ་ལས་རླུང་། རཾ་ལས་མེ། ཨཱཿལས་མི་མགོའི་སྒྲེད་བུ་གསུམ་གྱི་སྟེང་དུ་ཨཱཿལས་ཐོད་པ་ཡངས་ཤིང་རྒྱ་ཆེ་བའི་ནང་དུ་ཨོཾ་ཁཾ་ཨཱཾ་ཧཱྀ་ཧཱུྃ་རྣམས་ལས་བདུད་རྩི་ལྔ། ལཾ་མཱཾ་པཾ་ཏཱཾ་བཾ་རྣམས་ལས་ཤ་ལྔ་ཡི་གེ་དེ་དག་གིས་མཚན་པ། རླུང་གཡོས་མེ་སྦར་བས་ཐོད་པའི་ནང་གི་རྫས་རྣམས་ཞུ་བར་གྱུར། དེ་དག་གི་སྟེང་དུ་ཧཱུྃ་ལས་སྐྱེས་པའི་ཁ་ཊཾ་ག་དཀར་པོ་མགོ་ཐུར་དུ་བལྟས་ནས་ཞུ་བ་ཐོད་པར་ལྷུང་ནས་རྫས་དེ་དག་དངུལ་ཆུའི་མདོག་ཅན་དུ་གྱུར། དེའི་སྟེང་དུ་དབྱངས་གསལ་གྱི་ཕྲེང་བ་གསུམ་བརྩེགས་སུ་གནས་པ་ཨོཾ་ཨཱཿཧཱུྃ་དུ་གྱུར་པའི་འོད་ཟེར་གྱིས་ཕྱོགས་བཅུའི་དེ་བཞིན་གཤེགས་པ་དང་།

དཔའ་བོ་དང་རྣལ་འབྱོར་མ་ཐམས་ཅད་ཀྱི་ཐུགས་ཀ་ནས་ཡེ་ཤེས་ཀྱི་
བདུད་རྩི་བཀུག་ནས་བསྟན་པས་མང་པོ་སྦྱར་ཞིང་སྤེལ་བར་གྱུར།
ཨོཾ་ཨཱཿཧཱུྃ། ལན་གསུམ། ད་དུང་བསྡུ་ན། ཧ་ཧོ་ཧྲཱིཿ ཁ་དོག་དྲི་རོ་ནུས་པའི་སྐྱོན་
བཅོམ་ཞིང་བདུད་རྩིར་གྱུར།

ཨོཾ་ཨཱཿཧཱུྃ། ལན་གསུམ།

རྒྱ་ཆེར་སྤེལ་ཞིང་བྱིན་གྱིས་བརླབས་པར་གྱུར།

བདག་བསྐྱེད་ཀྱི་མཆོད་པ་བྱིན་བརླབ་ནི།

ཨོཾ་ཁཎྜ་རོ་ཧེ་ཧཱུྃ་ཧཱུྃ་ཕཊ། ཨོཾ་སྭབྷཱ་ཝ་ནས་ཤུདྡྷོ྅ཧཾ།
སྟོང་པ་ཉིད་དུ་གྱུར། སྟོང་པའི་ངང་ལས་ཀཾ་ལས་བྱུང་བའི་ཐོད་པ་ཡངས་
ཤིང་རྒྱ་ཆེ་བ་རྣམས་ཀྱི་ནང་དུ་ཧཱུྃ་ལས་བྱུང་བའི་མཆོད་ཡོན། ཞབས་
བསིལ། ཞལ་བསིལ། མེ་ཏོག བདུག་སྤོས། མར་མེ། དྲི། ཞལ་ཟས།
རོལ་མོ་རྣམས་རང་བཞིན་སྟོང་ཉིད། རྣམ་པ་མཆོད་རྫས་སོ་སོའི་རྣམ་པ་
ཅན། བྱེད་ལས་དབང་པོ་དྲུག་གི་སྤྱོད་ཡུལ་དུ་ཟག་པ་མེད་པའི་བདེ་བ་
ཁྱད་པར་ཅན་སྐྱེར་བར་གྱུར། ཨོཾ་ཨརྒྷཾ་ཨཱཿཧཱུྃ། ཨོཾ་པཱདྱཾ་ཨཱཿཧཱུྃ། ཨོཾ་ཨཱཙྩ་མ་
ནཾ་ཨཱཿཧཱུྃ། ཨོཾ་བཛྲ་པུཥྤེ་ཨཱཿཧཱུྃ། ཨོཾ་བཛྲ་དྷཱུ་པེ་ཨཱཿཧཱུྃ། ཨོཾ་བཛྲ་དཱི་པེ་ཨཱཿཧཱུྃ།
ཨོཾ་བཛྲ་གནྡྷེ་ཨཱཿཧཱུྃ། ཨོཾ་བཛྲ་ནཻ་ཝི་དྱ་ཨཱཿཧཱུྃ། ཨོཾ་བཛྲ་ཤབྡ་ཨཱཿཧཱུྃ།

བདག་སྐྱེད་ལ་མཆོད་བསྟོད་བྱ་བ་ནི།

རང་གི་ཐུགས་ཀ་ནས་སྤྲོས་པའི་མཆོད་བསྟོད་ཀྱི་ལྷ་མོ་མཛེས་ཤིང་ཡིད་དུ་འོང་བ་དཔག་ཏུ་མེད་པ་རྣམས་ཀྱིས་རང་ལ་མཆོད་ཅིང་བསྟོད་པར་གྱུར།

ཕྱི་མཆོད་ནི།

ཨོཾ་ཨརྒྷཾ་ནས་ཤབྡའི་བར།

ནང་མཆོད་ནི།

ཨོཾ་ཧཱུྃ་བཾ་རིཾ་རཱིཾ་ལིཾ་ལཱིཾ། ཀཾ་ཁཾ་གཾ་གྷཾ་ངཾ། ཙཾ་ཚཾ་ཛཾ་ཛྷཾ་ཉཾ། ཊཾ་ཋཾ་ཌཾ་ཌྷཾ་ཎཾ། ཏཾ་ཐཾ་དཾ་དྷཾ་ནཾ། པཾ་ཕཾ་བཾ་བྷཾ། ཡཾ་རཾ་ལཾ་ཝཾ། ཤཾ་ཥཾ་སཾ་ཧཾ་ཧཾ་ཕཊ། ཨོཾ་ཨཱཿཧཱུྃ།

གསང་མཆོད་ནི།

གནས་བཞི་དང་གསང་གནས་བྱིན་གྱིས་བརླབ་པས་རང་ཉིད་གཙོ་བོ་ཡབ་ཡུམ་སྙོམས་འཇུག་གི་ལས་ལ་གནས་པར་གྱུར། བྱང་སེམས་ཞུ་བ་སྤྱི་བོ་ནས་མགྲིན་པར་སླེབས་པ་ན་དགའ་བ། མགྲིན་པ་ནས་སྙིང་ཁར་བསླེབས་པ་ན་མཆོག་དགའ། སྙིང་ཁ་ནས་ལྟེ་བར་བསླེབས་པ་ན་ཁྱད་དགའ། ལྟེ་བ་ནས་ནོར་བུའི་རྩེར་བསླེབས་པ་ན་ལྷན་སྐྱེས་ཀྱི་ཡེ་ཤེས་སྐྱེས་པ་སྟོང་པ་ཉིད་དང་དབྱེར་མེད་རོ་གཅིག་ཏུ་ཞུགས་པའི་བདེ་སྟོང་གི་ཡེ་ཤེས་ཁྱད་པར་ཅན་གཙོ་འཁོར་ཐམས་ཅད་ཀྱི་ཉམས་སུ་མྱོང་བར་གྱུར།

བསྟོད་པ་ནི།

ཤེས་བྱའི་འཁོར་ལོ་བདེ་སྟོང་དབྱིངས་ཉིད་དུ།
སྡོམ་མཛད་ཧེ་རུ་ཀ་དཔལ་ཡབ་ཡུམ་དང་།
གནས་དང་ཉེ་བའི་གནས་སོགས་བཞུགས་པ་ཡི།
དཔའ་བོ་དཔའ་མོའི་ཚོགས་ལ་བདག་བསྟོད་དོ།

མཆོད་བསྟོད་ཀྱི་ལྷ་མོ་རྣམས་རང་གི་སྙིང་གའི་ཧཱུྃ་ལ་ཐིམ་པར་གྱུར། མཚམས་འདིར་ལྷ་སྐུའི་གསལ་སྣང་དང་། ང་རྒྱལ་དེ་ཡང་རང་བཞིན་མེད་པ་རྟོགས་པ་སྒོམ་བྱེད་ཡུལ་ཅན་བདེ་བ་ཆེན་པོ་སྟེ་ཁྱད་ཆོས་བཞི་ཚང་བའི་སྐྱེད་རིམ་ཕྲ་རགས་ཀྱི་ཏིང་ངེ་འཛིན་ལ་ནན་ཏན་དུ་བསླབ་ནས་བསྒོམས་པས་སྐྱོན་བཟླས་པར་བྱ་བ་ནི།

ཕྲེང་ཕྲིན་ནི།

ཕྲེང་བ་གསུང་རྡོ་རྗེ་པདྨ་གར་དབང་གི་ངོ་བོར་གྱུར། བཟླས་བྱའི་སྔགས་རང་གི་ཐུགས་ཀའི་ཧཱུྃ་ཡིག་ལས་འཐོན་ཏེ་འོག་ཏུ་སོང་བ་རྡོ་རྗེའི་རྩེ་ནས་འཐོན། ཕྱག་རྒྱའི་པདྨ་གར་ཞུགས་ནས་གྱེན་དུ་སོང་བ་ཡུམ་གྱི་ཞལ་ནས་རང་གི་ཞལ་དུ་ཞུགས་པ་ཧཱུྃ་ལ་ཐིམ། དེ་ནས་ཐོན་ཏེ་སྔར་བཞིན་འཁོར་བ་རྩ་ཨ་བ་དྷཱུ་ཏི་ནས་འབྱུང་འཛུག་བྱེད། ཞལ་ཐམས་ཅད་དང་འཁོར་གྱི་ལྷ་ཐམས་ཅད་ཀྱིས་ཀྱང་བཟློས་པར་གྱུར།

ཡབ་ཀྱི་སྙིང་པོ་ནི།

ཨོཾ་ཤྲཱི་བཛྲ་ཧེ་ཧེ་རུ་རུ་ཀཾ་ཧཱུྃ་ཧཱུྃ་ཕཊ། ཌཱ་ཀི་ནཱི་ཛྭ་ལ་ཤཾ་བ་རཾ་སྭཱ་ཧཱ།

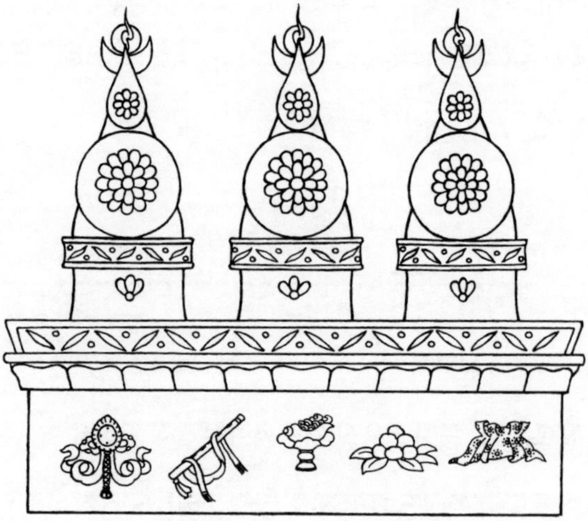

གཏོར་མ།

ཉེ་སྙིང་ནི།

ཨོཾ་ཧྲཱིཿཧ་ཧ་ཧཱུྃ་ཧཱུྃ་ཕཊ།

ཡུམ་གྱི་སྙིང་པོ་ནི།

ཨོཾ་བཛྲ་བཻ་རོ་ཙ་ནཱི་ཡེ་ཧཱུྃ་ཧཱུྃ་ཕཊ་སྭཱ་ཧཱ།

ཉེ་སྙིང་ནི།

ཨོཾ་སརྦ་བུདྡྷ་ཌཱ་ཀི་ནཱི་ཡེ་བཛྲ་ཝརྞྞ་ནཱི་ཡེ་ཧཱུྃ་ཧཱུྃ་ཕཊ་སྭཱ་ཧཱ། འཁོར་རྣམས་ཀྱི་སྔགས་ནི། ཨོཾ་རྀཾ་རཱྀཾ་ལྀཾ་ལཱྀཾ། ཀཾ་ཁཾ་གཾ་གྷཾ་ངཾ། ཙཾ་ཚཾ་ཛཾ་ཛྷཾ་ཉཾ། ཊཾ་ཋཾ་ཌཾ་ཌྷཾ་ཎཾ། ཏཾ་ཐཾ་དཾ་དྷཾ་ནཾ། པཾ་ཕཾ་བཾ་བྷཾ། ཡཾ་རཾ་ལཾ་ཝཾ། ཤཾ་ཥཾ་སཾ་ཧཾ་ཧཱུྃ་ཧཱུྃ་ཕཊ།

ཅེས་བཟླ། སྔོན་པའི་སྐབས་ཡབ་ཀྱི་སྙིང་པོ་དང་ཉེ་སྙིང་། ཡུམ་གྱི་སྙིང་པོ་དང་ཉེ་སྙིང་བཅས་ལ་འབུམ་རེ་དང་། འཁོར་སྔགས་ཁྲི་གཅིག་བཅས་ཀྱི་གྲངས་ཟིན་པ་དགོས། ཡབ་ཡུམ་གྱི་རྩ་སྔགས་དང་གོ་ཆའི་སྔགས། འཁོར་སྔགས་རྒྱས་པ་བཅས་བཟླ་བར་འདོད་ན་བདག་བསྐྱེད་རྒྱས་པ་ནས་ལེན་དགོས། དེ་ནས་གཏོར་མ་ནང་མཆོད་ལྟར་བྱིན་གྱིས་བརླབས།

ཕཻ༔

རང་གི་ཐུགས་ཀར་ཉི་གདན་ལ་གནས་པའི་ཧཱུྃ་ཡིག་ལས་འཕྲོས་པའི་འོད་ཟེར་གྱིས་དུར་ཁྲོད་བརྒྱད་ན་གནས་པའི་ཕྱོགས་སྐྱོང་སོགས་འཁོར་དང་བཅས་པ་ཐམས་ཅད་ཡོངས་སུ་རྫོགས་པའི་དཀྱིལ་འཁོར་མདུན་གྱི་ནམ་མཁར་སྤྱན་དྲངས།

ཨོཾ་ཨརྒྷཾ། པཱདྱཾ། ཨཱཙྪ་མ་ནཾ། པྲོཀྵ། དྷུ་པེ། དཱི་པེ། གནྡྷེ། ནཻ་ཝི་དྱཱ། ཤབྡ་པྲ་ཏཱི་ཙྪ་སྭཱ་ཧཱ།

ལྷ་རྣམས་ཀྱི་ལྗགས་ལ་ཧཱུྃ་དཀར་པོ་ལས་བྱུང་བའི་རྡོ་རྗེ་རྩེ་གསུམ་པ་དཀར་པོ་ནས་འབྲུ་ཙམ་འཕྲོད་པའི་རྡོ་རྗེའི་འོད་ཟེར་གྱི་བུ་གུས་དྲངས་ནས་གསོལ་བར་གྱུར། ཨོཾ་བཛྲ་ཨཱ་ར་ལི་ཧོཿ ཛཿཧཱུྃ་བཾ་ཧོཿ བཛྲ་ཌཱ་ཀི་ནྱ་ས་མ་ཡ་སྟྭཾ་དྲྀ་ཤྱ་ཧོཿ

ཞེས་ལན་གསུམ་གྱི་དང་པོས་གཙོ་བོ་དང༌། གཉིས་པས་གཙོ་མོ་དང༌། གསུམ་པས་འཁོར་རྣམས་ལ་འབུལ།

ཨོཾ་ཨརྒྷཾ་ནས་ཤབྡ་པྲ་ཏཱི་ཙྪ་སྭཱ་ཧཱ། བར།

ཨོཾ་ཧཱུྃ་བཾ་རཾ་རྀཾ་ལཾ་ལྀཾ། ཀཾ་ཁཾ་གཾ་གྷཾ་ངཾ། ཙཾ་ཚཾ་ཛཾ་ཛྷཾ་ཉཾ། ཊཾ་ཋཾ་ཌཾ་ཌྷཾ་ཎཾ། ཏཾ་ཐཾ་དཾ་དྷཾ་ནཾ། པཾ་ཕཾ་བཾ་བྷཾ། ཡཾ་རཾ་ལཾ་ཝཾ། ཤཾ་ཥཾ་སཾ་ཧཾ་ཧཱུྃ་ཧཱུྃ་ཕཊ། ཨོཾ་ཨཱ་ཧཱུྃ།

ཞེས་ནང་མཆོད་འབུལ།

བསྟོད་ཕྱག་ནི།

ཨ་ཧཾ་མཉམ་སྦྱོར་བདེ་བའི་རོལ་བ་ལས། །
འཁོར་ལོ་ལྷ་ཡི་ལྷ་ཚོགས་སྤྲོ་མཛད་ཅིང༌། །
བརྟན་གཡོ་རབ་འབྱམས་དེ་ཡི་ངོ་བོར་སྣང༌། །
བླ་མ་འཁོར་ལོའི་མགོན་པོར་བསྟོད་ཕྱག་འཚལ། །

སྲིད་པ་དང་མཉམ་ཞི་བ་ཆགས་བཅོམ་ཀུན་ཏུ་རྟོག་པ་འཇོམས། །
ཁྱོད་ནི་དངོས་པོ་མཐའ་དག་མཁའ་ལྟར་གཟིགས་པ་དང་ལྡན་པ། །
མགོན་པོ་ཤིན་ཏུ་བརྩེ་བའི་ཆུས་བརླན་ཐུགས་ཀྱི་ཆུས། །
མཛོད་ཅིག་ལྷ་མོ་རྣམས་ཀྱིས་བདག་ལ་ཤིན་ཏུ་རྗེས་བརྩེར་མཛོད། །

ཅེས་འདོད་དོན་ལ་གསོལ་བ་གདབ།

དེ་ནས། དུར་ཁྲོད་བརྒྱད་ན་གནས་པའི་ཕྱོགས་སྐྱོང་དང་ཞིང་སྐྱོང་དང་ཀླུ་ལ་སོགས་པ་སྐད་ཅིག་གིས་འོད་གསལ་དུ་བཅུག་པ་ལས། བདེ་མཆོག་གི་ལྷ་ཡབ་ཡུམ་གྱི་སྐུར་བཞེངས་པའི་མགྲོན་རྣམས་ཀྱི་ཐུགས་ལ་ཧཱུྃ་དཀར་པོ་ལས་རྡོ་རྗེ་རྩེ་གསུམ་པ་དཀར་པོ་ནས་འབྲུ་ཙམ་འཁོད་པའི་རྡོ་རྗེའི་འོད་ཟེར་གྱི་སྦྱུ་གུས་དྲངས་ནས་གསོལ་བར་གྱུར། ཨོཾ་ཁ་ཁ་ཁཱ་ཧི་ཁཱ་ཧི། སརྦ་ཡཀྵ་རཀྵ་ས། བྷུ་ཏ། པྲེ་ཏ། པི་ཤཱ་ཙ། ཨུནྨཱ་ད། ཨ་པསྨཱ་ར། བཛྲ་ཌཱ་ཀ་ཌཱ་ཀི་ནྱཱ་ད་ཡ། ཨི་མཾ་བ་ལིཾ་གྲྀ་ཧྞནྟུ། ས་མ་ཡ་རཀྵནྟུ། མ་མ་སརྦ་སིདྡྷི་མྨེ་པྲ་ཡ་ཙྪནྟུ། ཡ་ཐེ་བཾ། ཡ་ཐེཥྚཾ། བྷུ་ཛ་ཐ། པི་བ་ཐ། ཛི་གྲ་ཐ། མཱ་ཏི་ཀྲ་མ་ཐ། མ་མ་སརྦ་ཀཱ་ཏ་ཡ། སད་སུ་ཁཾ་བི་ཤུདྡྷ་ཡེ། ས་ཧ་ཡི་ག་བྷ་ཝནྟུ་ཧཱུྃ་ཧཱུྃ་ཕཊ་ཕཊ་སྭཱ་ཧཱ།

ལན་གཉིས་ཀྱིས་ཕྱོགས་དང་མཚམས་ན་གནས་པ་ལ་འབུལ།

ཨོཾ་ཨཀྵོཾ་ ནས། ཤཱུ་པྲ་དཱིཀྵ་སྭཱ་ཧཱ། ཕྱོགས་སྐྱོང་དང་ཞིང་སྐྱོང་དང་ཀླུ་ལ་སོགས་པ་རྣམས་ཀྱི་ཞལ་དུ་ཨོཾ་ཨཱཿཧཱུྃ།

རྣལ་འབྱོར་བདག་ཅག་འཁོར་བཅས་ལ། །
ནད་མེད་ཚེ་དང་དབང་ཕྱུག་དང་། །
དཔལ་དང་གྲགས་དང་སྐལ་བ་བཟང་། །
ལོངས་སྤྱོད་རྒྱ་ཆེན་ཀུན་ཐོབ་ཅིང་། །

ཞི་དང་རྒྱས་ལ་སོགས་པ་ཡི། །
ལས་ཀྱི་དངོས་གྲུབ་བདག་ལ་སྩོལ། །
སྲུང་མས་རྟག་ཏུ་གྲོགས་མཛོད་ཅིག །
དུས་མིན་འཆི་དང་ནད་རྣམས་དང་། །

གདོན་དང་བགེགས་རྣམས་ཞི་བ་དང་། །
རྨི་ལམ་ངན་དང་མཚན་མ་ངན། །
བྱ་བྱེད་ངན་རྣམས་མེད་པར་མཛོད། །
འཇིག་རྟེན་བདེ་ཞིང་ལོ་ལེགས་དང་། །
འབྲུ་རྣམས་རྒྱས་ཤིང་ཆོས་འཕེལ་དང་། །
བདེ་ལེགས་ཐམས་ཅད་འབྱུང་བ་དང་། །
ཡིད་ལ་འདོད་པ་ཀུན་འགྲུབ་ཤོག །

ཉེར་བསྡུ་བྱས་ནས་སྦྱོད་ལམ་གྱི་ལྷར་གདང་བ་ནི།

སྲུང་འཁོར་དུར་ཁྲོད་དང་བཅས་པ་གཞལ་ཡས་ཁང་ལ་ཐིམ། གཞལ་ཡས་ཁང་གཙོ་བོ་ཡབ་ཡུམ་ལ་ཐིམ། ལུས་དཀྱིལ་གྱི་ལྷ་རྣམས་རང་གནས་སུ་ཐིམ་པས་རྩ་དང་ཁམས་རྣམས་བྱིན་གྱིས་བརླབས་པར་གྱུར། གཞིའི་ཧེ་རུ་ཀ་གཙོ་བོ་ཡབ་ཡུམ་ཡང་འོད་དུ་ཞུ་ནས་ཐུགས་ཀའི་ཧཱུྃ་ལ་ཐིམ་ཞིང་། ཧཱུྃ་ཡིག་ཡོངས་སུ་གྱུར་བ་ལས་བཅོམ་ལྡན་འདས་ཧེ་རུ་ཀ་སྔོན་པོ་ཞལ་གཅིག་ཕྱག་གཉིས་ཀྱིས་རྡོ་རྗེ་དང་དྲིལ་བུ་འཛིན་པ་གཡས་བརྐྱང་གིས་བཞུགས་པ་ལ་ཡུམ་རྡོ་རྗེ་ཕག་མོ་དམར་མོ་ཞལ་གཅིག་ཕྱག་གཉིས་ཀྱི་གྲི་གུག་དང་ཐོད་པ་འཛིན་པས་འཁྱུད་པར་གྱུར།

རྫོགས་རིམ་རིམ་པ་ལྔའི་དང་པོ་བདག་བྱིན་རླབས་ཀྱི་རིམ་པ་སྒོམ་པ་ནི།

སྙིང་ཁ་ཆོས་ཀྱི་འཁོར་ལོའི་དབུས་ཀྱི་དྷཱུ་ཏཱིའི་ནང་དུ་ཐིག་ལེ་སྟེང་དཀར་པོ་འོག་དམར་པོ་ཁ་སྦྱར་སྲན་མ་འབྲིང་པོའི་ཚད་ཙམ་འོད་ཟེར་ལྔ་འཕྲོ་བ་དེའི་དབུས་སུ་དཔལ་ཧེ་རུ་ཀའི་ངོ་བོ་ཧཱུྃ་ཡིག་དཀར་ལ་དམར་བའི་མདངས་ཅན་ཤིན་ཏུ་ཕྲ་བ་ནཱ་དཱ་གསུམ་འཁྱོག་སྙོད་དམར་ཞིང་སྣད་ཙུང་ཟད་དཀར་བ་སྤྱུ་རྩེས་བྲིས་པ་ལྟར་ཕྲ་བ་ཤིན་ཏུ་འཚེར་བ་འོད་ཟེར་དམར་པོ་འཕྲོ་ཤིང་བདེ་བ་ཆེན་པོའི་རང་བཞིན་བདུད་རྩི་རྫག་པའི་རྣམ་པ་ཅན་དང་རང་གི་སེམས་དབྱེར་མེད་པར་གྱུར།

བསྔོ་སྨོན་ཤ་བ་ནི།

སྲིད་པ་གསུམ་འབར་སྐུ་ནི་རྗེས་ཆགས་དུལ་བར་ལྡན། །
འོད་ཟེར་སྔོན་པོ་སྟོང་ལྡན་ཉི་མ་བརྒྱ་སྟོང་ལྡན། །
རྣམ་མང་སྐུ་དང་ཆ་ལུགས་རྗེས་ཆགས་སེམས་པར་ལྡན། །
ཧེ་རུ་ཀ་དཔལ་དེ་དང་ལྷན་ཅིག་གར་བྱེད་ཤོག །

ལྷ་མོ་ཚད་མ་དམ་ཚིག་ཚད་མ་དང་། །
དེ་བརྗོད་གསུང་ཡང་མཆོག་ཏུ་ཚད་མ་སྟེ། །
བདེན་པ་འདི་དག་གིས་ནི་ལྷ་མོ་རྣམས། །
བདག་ཅག་རྗེས་སུ་འཛིན་པའི་རྒྱུར་གྱུར་ཅིག །

དེ་ལྟར་དཔལ་ལྡན་འཁོར་ལོ་སྡོམ་པ་ཡི། །
བསྐྱེད་རིམ་མཆོད་བསྟོད་བཟླས་སོགས་ཚུལ་བཞིན་དུ། །
བསྒྲུབ་པའི་དགེ་བས་སྨོན་འགྲོ་ཐུན་མོང་དང་། །
ཐུན་མིན་ལམ་གྱི་རིམ་པ་མཐར་ཕྱིན་ཤོག །

རྣལ་འབྱོར་མ་རྒྱུད་རྒྱལ་པོར་སྣང་པའི་དོན། །
གྲུབ་མཆོག་དྲིལ་བུ་ཞབས་ཀྱིས་གསལ་མཛད་པ། །
ཟབ་ལམ་རིམ་ལྔའི་རྟོགས་པ་མངོན་གྱུར་ཏེ། །
ཚེ་འདིར་ཧེ་རུ་ཀ་དཔལ་ཐོབ་པར་ཤོག །

ཆོས་འཁོར་པདྨའི་ལྟེ་བར་ཧཱུྃ་ཡིག་དང་། །
རླུང་སྔགས་དབྱེར་མེད་རྡོ་རྗེའི་བཟླས་པ་ལ། །
སེམས་གཞོལ་བདག་བྱིན་རླབས་པའི་རིམ་པ་ཡི། །
དབྱེ་དཀའི་མ་རིག་མདུད་པ་གྲོལ་བར་ཤོག །

ཧཱུ་ཧཱིའི་མར་སྣེ་ཡར་སྣེའི་རྡོ་རྗེའི་རྩེར། །
ཚེས་ཕྲའི་ཧཱུྃ་དང་ཉི་ཟླ་སྐར་གསུམ་ལ། །
དམིགས་པ་སྣ་ཚོགས་རྡོ་རྗེའི་རིམ་པ་ཡིས། །
ལྷན་སྐྱེས་བརྟན་ཅིང་བྱང་སེམས་རྒྱས་པར་ཤོག །

དམ་ཚིག་ལས་ཆོས་ཕྱག་ཆེན་སྒེག་མོ་བཞིའི། །
རིག་བྱའི་བསིལ་བུས་བསྐུལ་བའི་ཚངས་པའི་མེས། །
སྟོང་ཕྲག་དོན་གཉིས་ཀུནྡ་བཞུས་པའི་རྒྱུས། །
ནོར་བུ་འགེངས་པའི་རིམ་པ་མཐར་ཕྱིན་ཤོག །

སུམ་མདོ་ཛཱ་ལནྡྷ་རར་ཆོས་འབྱུང་ནང་། །
རིགས་ལྡའི་ཚོམ་བུར་ཁ་སྦྱོར་བུམ་པ་ཅན། །
བཟུངས་པས་ཨ་ཧཾ་འབར་འཛག་ཆེས་གཡོས་ཏེ། །
རྒྱལ་ཀུན་ཐུགས་རྗེའི་འོ་རྒྱུན་འཐུང་བར་ཤོག །

སྤྱོད་པ་གསུམ་དང་བསམ་གཏན་གཉིས་ལ་སོགས། །
ཕྱི་ནང་ཐབས་མཁས་སྒྱུ་འཕྲུལ་ལ་བརྟེན་ནས། །
སྒྱུ་ལུས་འོད་གསལ་དབྱེར་མེད་ཟུང་འཇུག་པའི། །
བསམ་མི་ཁྱབ་ཀྱི་རིམ་པ་མཐར་ཕྱིན་ཤོག །

མདོར་ན་བླ་མ་རྗེ་བཙུན་ཡབ་ཡུམ་གྱིས། །
འབྲལ་མེད་རྗེས་བཟུང་བྱིན་གྱིས་བརླབས་པའི་མཐུས། །
ས་ལམ་བགྲོད་པ་མྱུར་དུ་མཐར་ཕྱིན་ཏེ། །
ཧེ་རུ་ཀ་ཡི་གོ་འཕང་མྱུར་ཐོབ་ཤོག །

སེམས་ཅན་ཀུན་གྱི་དོན་གྱི་ཕྱིར། །
བདག་ནི་ཧེ་རུ་ཀར་གྱུར་ནས། །
སེམས་ཅན་ཐམས་ཅད་ཧེ་རུ་ཀའི། །
གོ་འཕང་མཆོག་ལ་འགོད་པར་ཤོག །

གོ་འཕང་མཆོག་འདི་ཚེ་འདིར་མ་ཐོབ་ན། །
འཆི་ཚེ་རྗེ་བཙུན་ཡབ་ཡུམ་འཁོར་བཅས་ཀྱིས། །
ཡིད་འོང་མཆོད་སྤྲིན་སྙན་པའི་རོལ་མོ་བཅས། །
ངོ་མཚར་ལྟས་བཟང་མང་པོས་བསུ་བར་ཤོག །

དེ་ནས་འཆི་བའི་འོད་གསལ་ཟིན་མཛད་ཅིང་། །
ལམ་མཆོག་སྒྲུབ་པའི་རིག་པ་འཛིན་པའི་གནས། །
རྣམ་དག་མཁའ་སྤྱོད་གནས་སུ་འཁྲིད་ནས་ནི། །
ཟབ་མོའི་ལམ་འདི་མྱུར་དུ་མཐར་ཕྱིན་ཤོག །

རྣལ་འབྱོར་དབང་ཕྱུག་དྲི་བས་བགྲོད་གྱུར་པ། །
བདེ་མཆོག་བཤད་སྒྲུབ་ཤིན་ཏུ་ཉམས་པ་འདི། །
ཆེས་ཆེར་རྒྱས་ཤིང་ཐར་འདོད་འཇུག་ངོགས་སུ། །
ནམ་ཡང་མི་ནུབ་རིང་དུ་གནས་གྱུར་ཅིག །

ཚུལ་འདི་སྒྲུབ་ལ་ཐོགས་མེད་མཐུ་ལྡན་པ། །
འཛམ་གླིང་གནས་མཆོག་ཉི་ཤུ་རྩ་བཞི་ཡི། །
དཔའ་བོ་རྣལ་འབྱོར་མ་རྣམས་འཁོར་བཅས་ཀྱིས། །
གཡེལ་བ་མེད་པར་རྟག་ཏུ་གྲོགས་མཛད་ཤོག །

བཀྲ་ཤིས་ནི།

རྣལ་འབྱོར་གསང་མཐའི་རྒྱུད་རྒྱལ་ལམ་བཟང་ལ། །
བརྟེན་ནས་གྲུབ་པ་མཆོག་བརྙེས་བྱིན་རླབས་གཏེར། །
ཙ་བ་བརྒྱུད་པའི་བླ་མ་མ་ལུས་པའི། །
དགེ་མཚན་ཕུན་སུམ་ཚོགས་པའི་བཀྲ་ཤིས་ཤོག །

ནང་མཆོད། རྡོར་དྲིལ། ཌ་མ་རུ བུམ་པ། ཕྲེང་བ།

སྟོན་པ་ཕུན་ཚོགས་ཁྱབ་བདག་ཧེ་རུ་ཀཿ
གསང་ཆེན་མཐར་ཐུག་ལུང་རྟོགས་དམ་པའི་ཆོས། །
དཀྱིལ་འཁོར་འཁོར་ཚོགས་དགེ་འདུན་དཀོན་མཆོག་གི །
དགེ་མཚན་ཕུན་སུམ་ཚོགས་པའི་བཀྲ་ཤིས་ཤོག །

སྟོང་གསུམ་ཁྱོན་མཚུངས་རིན་ཆེན་གཞལ་མེད་ཁང་། །
ཉི་ཟླའི་འོད་འཕྲོ་རྒྱན་གྱིས་བརྒྱན་པ་ལ། །
དགེ་མཚན་ཕུན་ཚོགས་ཇི་སྙེད་མཆིས་པ་དེས། །
སྣོད་བཅུད་དཔལ་གཡང་བདེ་ལེགས་གྲུབ་གྱུར་ཅིག །

མཚམས་སྦྱིན་སོགས་ཀྱི་སྐབས་ཐུན་བཞི་བྱེད་པའི་ཚེ་ཐུན་དང་པོ་གསུམ་ལ་གཏོར་མ་འབུལ་བ་དང་མཇུག་གི་ཤིས་བརྗོད་མི་དགོས། ཐུན་རྗེས་མ་གསུམ་ལ་རྡོར་སེམས་སྒོམ་བཟླས་དང་། ནང་མཆོད་བྱིན་རླབས་མི་དགོས། ཅེས་འཁོར་ལོ་སྡོམ་པ་ལུས་དཀྱིལ་གྱི་སྒྲུབ་ཐབས་རྒྱུད་ཀྱི་སྙིང་པོ་ཞེས་བྱ་བ་འདི་ནི་དེང་དུས་ཀྱི་དོན་གཉེར་ཅན་རྣམས་ལ་བརྗོད་ཚིག་ཉུང་ལ་ལག་ཏུ་ལེན་བདེ་བའི་སྙིང་བསྡུས་འདི་འདྲ་ཞིག་དགོས་པར་མཐོང་ཞིང་། རྩ་བའི་བླ་མ་སྐྱབས་ཁྲི་རྡོ་རྗེ་འཆང་ནས་ཀྱང་འདི་འདྲ་ཞིག་བྱས་འཐུས་ཆོག་པའི་བཀའི་སྣང་བ་ཐོབ་པ་ལ་བརྟེན་ནས། གུང་ཐང་བསྟན་པའི་སྒྲོན་མེའི་གསུང་དང་དངུལ་ཆུའི་གསུང་། སྐྱབས་ཁྲི་རྡོ་རྗེ་འཆང་གི་གསུང་བཅས་ལ་གཞི་བྱས་ཏེ་དབྱིན་ཡུལ་དུ་སྐལ་པ་བཟང་པོ་སུ་མ་ཏི་ཞེས་པའི་སྦྱར་བས་དགེ་བས་དཔལ་ལྡན་འཁོར་ལོ་སྡོམ་པ་ཡབ་ཡུམ་གྱི་སྒྲུབ་བརྒྱུད་ཀྱི་བསྟན་པ་ཕྱོགས་ཐམས་ཅད་དུ་རྒྱས་པར་གྱུར་ཅིག །

དགེ་ལེགས་འཕེལ།། །།

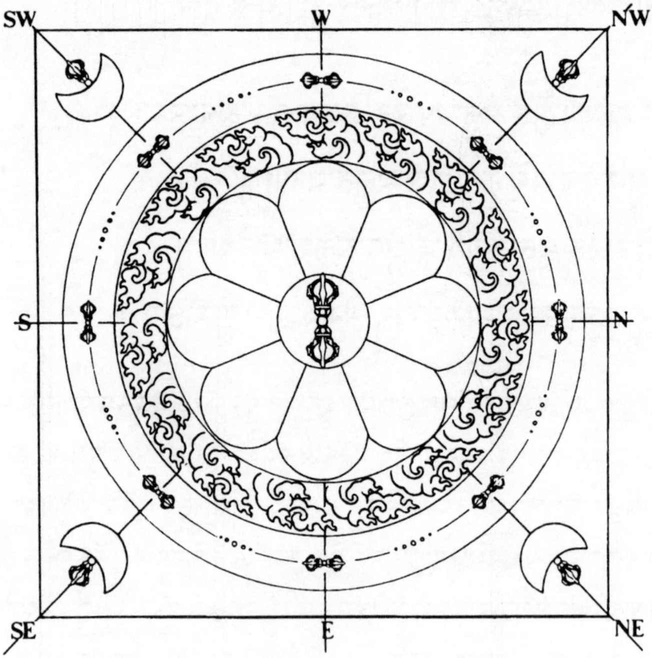

སྦྱིན་བསྲེགས་དཀྱིལ་འཁོར།

ཁ་ཊཾ་ག། རྣམ་ཐུམ། སྦྱིན་བསྲེགས། དགང་བླུགས། དགང་གཟར།

New Kadampa Tradition

THARPA PUBLICATIONS
UK • US • CANADA
AUSTRALIA • ASIA